Biblioteca de Derecho Procesal

Marco de Cristofaro
(Director)

Carlos Antonio Agurto Gonzáles
Sonia Lidia Quequejana Mamani
Manuel Enrique Valverde Gonzáles
(Coordinadores Generales)

PIERO CALAMANDREI
Profesor de la Universidad de Florencia

El Procedimiento monitorio

Edición al cuidado de
Carlos Antonio Agurto Gonzáles
Sonia Lidia Quequejana Mamani
Benigno Choque Cuenca

Ediciones Olejnik

Título: El procedimiento monitorio

© Piero Calamandrei
Edición: 2018

Ediciones Olejnik
Huérfanos 611, Santiago-Chile
E-mail: contacto@edicionesolejnik.com
Web site: http://www.edicionesolejnik.com

ISBN 978-956-392-133-5

Diseño de carátula: Ena Zuñiga

Diagramación: Hayden Méndez, yiset_mendez@hotmail.com

Impreso en Argentina 2018 Printed in Argentina

ADVERTENCIA DEL AUTOR

Publico, reunidos en este volumen, varios trabajos sobre el procedimiento monitorio, aparecidos, en estos últimos años, en diversas revistas jurídicas italianas *(I. Sulla struttura del procedimento monitorio, en Studi senesi, 1923; II. Le condizioni di ammissibilità del procedimento per ingiunzione, en Rivista di diritto commerciale, 1924 y 1925 [en dos partes], III. Per la vitalità del procedimento ingiunzionale, en Rivista di diritto processuale civile, 1924).* Al reunirlos en un volumen, no he introducido en ellos cambios sustanciales; tan sólo leves modificaciones de forma, de tarde en tarde, por necesidad de coordinación. Cuando me ha parecido indispensable, para tener en cuenta datos posteriores a la primera publicación de los diversos trabajos, he hecho en las notas algún breve agregado al texto primitivo. Rara no multiplicar los agregados en el curso del volumen, he preferido resumir la más reciente literatura sobre el tema en una *Nota polémica, que figura en cuarto lugar.*

ÍNDICE SUMARIO

TERCERA PARTE

LA VITALIDAD DEL PROCEDIMIENTO DE INYUNCIÓN

CUARTA PARTE
NOTA POLÉMICA

PRIMERA PARTE

ESTRUCTURA DEL PROCEDIMIENTO MONITORIO

SUMARIO

§ I. CONCEPTO DE PROCEDIMIENTO CON INVERSIÓN DE LA INICIATIVA DEL contradictorio.

1. Relaciones entre cognición y ejecución: la fase de cognición como preparación del título ejecutivo. — 2. Tipos especiales de procedimiento abreviado al objeto de preparar con mayor celeridad el título ejecutivo. — 3. Abreviación consistente en dejar al deudor la iniciativa del contradictorio.

§ II. PROCEDIMIENTO MONITORIO PURO Y PROCEDIMIENTO MONITORIO DOCUMENTAL EN LAS LEGISLACIONES EXTRANJERAS.

4. Origen italiano del procedimiento monitorio. — 5. Límites de aplicabilidad: procedimiento monitorio puro y procedimiento monitorio documental. — 6. *a)* El procedimiento monitorio puro (*Mahnverfahren)* en la legislación austríaca. — 7. Ídem en la legislación alemana. — 8. *b)* El procedimiento documental (*Urkundenprozess*) en la legislación alemana. — 9. El procedimiento monitorio documental *(Mandatsverfahren)* en la legislación austríaca.

§ III. EL PROCEDIMIENTO MONITORIO EN LA LEGISLACIÓN ITALIANA.

10. Diversos tipos de procedimiento monitorio en el derecho italiano. — 11. *a)* Ejemplos de procedimiento monitorio puro: Real Decreto de 20 de marzo de 1913, núm. 239; art. 379 del Cód. de procedimiento civil. — 12. *b*) Ejemplo de procedimiento monitorio documental: Real Decreto de 24 de julio de 1922, n. 1036. —*13. c*) Casos intermedios.

§ IV. NATURALEZA Y COLOCACIÓN SISTEMÁTICA DEL PROCEDIMIENTO MONITORIO.

14. Planteamiento de las cuestiones. — 15. *a)* Opinión de escritores austríacos según los cuales el procedimiento monitorio pertenece a la jurisdicción voluntaria; referencia a una teoría de Carnelutti. — 16. Refutación: carácter genuinamente jurisdiccional del procedimiento monitorio. — 17. *b)* Opinión de Plòsz y de Skedl, que clasifican el procedimiento monitorio entre los procesos ejecutivos. — 18. Refutación: el procedimiento monitorio es una forma especial de proceso de cognición abreviada. — 19. El procedimiento monitorio constituye un caso de declaración de certeza mediante preclusión. — 20. Proceso monitorio y contumacia. — 21. Carácter condicional de la orden de pago. — 22. *c*) ¿El procedimiento monitorio sería el medio para hacer valer una acción sumaria especial? Opinión de Chiovenda: refutación.

§ I. Concepto de procedimiento con inversión de la iniciativa del contradictorio

1. *Relaciones entre cognición y ejecución: la fase de cognición como preparación del título ejecutivo*

Para comprender exactamente la finalidad práctica del "procedimiento de inyunción" y para fundar sobre bases positivas, y no sobre arbitrarias construcciones apriorísticas, su definición dogmática, es necesario tomar como punto de partida el principio contenido en el artículo 553 del Código de procedimiento civil, según el cual "la ejecución forzada no puede tener lugar más que en virtud de un título ejecutivo" (*nulla executio sine titulo).* El derecho del ciudadano a obtener de los órganos del Estado la forma especial de tutela jurídica que constituye la *ejecución forzada* en su favor (acción ejecutiva), no nace sino para quien este provisto anteriormente de una declaración de certeza (dotada de determinados requisitos sustanciales y formales, siendo esencial, entre estos últimos, la escritura) de aquella concreta voluntad de ley que quiere hacer ejecutar; de donde resulta fácil comprender que el ciudadano que aspire a procurarse de los órganos del Estado aquella forma de prestación jurisdiccional que es la ejecución forzada procesal, debe, ante todo, preocuparse de conquistar el título ejecutivo, el cual, con un parangón algo burdo pero muy claro, se puede considerar como la llave indispensable para abrir la puerta de la ejecución, o mejor como la tarjeta de entrada sin la cual no es posible atravesar el umbral del proceso ejecutivo. A la conquista de un título ejecutivo, nada más, está prácticamente dirigido, en muchos casos, el proceso de cognición. En efecto, si la ventaja económica que el actor se promete del proceso puede considerarse alcanzada solamente con la cognición en los casos de acciones declarativas y constitutivas (en que el interés del actor queda satisfecho plenamente con el pronunciamiento de la sentencia que produce la certeza o determina el cambio jurídico deseado), no siempre el interés del vencedor en una ulterior intervención de los órganos jurisdiccionales queda agotado con la sentencia de condena; no siempre, en efecto, la obligación de prestación que la sentencia de condena impone al demandado se cumple voluntariamente, por solo obsequio al mandato contenido en la condena, por el obligado; y en todos aquellos casos en que la sentencia de condena no tiene la virtud de inducir al condenado a la ejecución voluntaria, la fase de cognición asegura al vencedor, en lugar de la satisfacción inmediata y final de su derecho, solamente un medio para pasar a una fase procesal ulterior, en la que se sustituya a la ejecución voluntaria, por obra del Estado, la ejecución forzada. En todos aquellos casos, pues, en que la sentencia es susceptible de ulterior ejecución, la fase de cognición no es fin en sí misma: el ciudadano pide al Estado la sentencia, porque sabe que podrá después, a base de la misma, pedirle una ulterior prestación jurisdiccional que es la ejecución forzada; afronta y provoca el juicio, porque sabe que éste le procurará, con la sentencia, aquel título ejecutivo, sin el cual no le sería posible obtener contra la voluntad del obligado la realización práctica de su derecho. La cognición tiene solamente oficio preparatorio e instrumental, en cuanto la misma sirve para construir un título ejecutivo; pero el fin último es la ejecución.

En su desarrollo normal y completo, la actuación jurisdiccional del derecho pasa, pues, a través de dos fases, cognición y ejecución, coordinadas y complementarias entre sí, en el sentido de que la primera de ellas sirve de preparación y de premisa a la segunda. Pero puesto que, como antes se ha indicado, el principio aceptado por nuestra ley no dice que no se pueda proceder a la ejecución forzada sin haber previamente llevado a cabo la fase de cognición, sino que dice simplemente que a la ejecución forzada no es dado proceder sino "en virtud de un título ejecutivo", es fácil comprender que la fase de cognición representa una premisa necesaria a la fase de ejecución sólo en cuanto la fase de cognición sea medio indispensable para construir el título ejecutivo. Cuando sea posible construirse un título ejecutivo prescindiendo de la fase de cognición o reduciéndola al mínimo, podremos, sin violar el principio fundamental del artículo 553, pensar en un proceso de ejecución al cual no le preceda cognición alguna; si la fase de cognición, considerada en su relación de medio a fin frente a la fase ejecutiva, se puede definir como aquella fase del proceso *que se construye el título ejecutivo,* nada impide que la cognición pueda ser reducida, o aún omitida del todo, cuantas veces el ordenamiento jurídico ofrezca para la construcción del título ejecutivo medios más expeditivos y más económicos que el proceso ordinario de cognición, lento, complicado y dispendioso.

2. *Tipos especiales de procedimiento abreviado al objeto de preparar con mayor celeridad el título ejecutivo*

La posibilidad de un proceso ejecutivo que se inicie de modo autónomo, sin ser preparado por una fase precedente de cognición[1] se manifiesta en la forma más típica en aquellos casos en que la ley atribuye la eficacia de título ejecutivo a declaraciones de certeza de carácter no jurisdiccional; como ocurre, para recordar el ejemplo más conocido, en cuanto a "los actos contractuales recibidos por notario o por otro funcionario público autorizado para recibirlos" (art. 554, n. 3, del Cód. de proc. civ.), a los que nuestra ley, siguiendo las huellas del derecho francés, atribuye eficacia ejecutiva inmediata[2]. En este caso, los órganos jurisdiccionales no participan de manera alguna en la construcción del título ejecutivo: el título ejecutivo nace fuera del proceso, sin cognición judicial alguna, y el proceso se inicia directamente por la fase ejecutiva.

Verdad es que, en el caso del proceso ejecutivo, la oposición del deudor puede hacer necesaria una declaración de certeza sobre la actual existencia de la acción ejecutiva, y provocar así un verdadero proceso de cognición

1 Cfr. Plòsz, Beiträge zur Theorie des Klagerechts (Leipzig, 1880), págs. 125 y sigs.

2 Cfr. CHIOVENDA, Principii (3ª ed.), págs. 249 y sigs.; OERTMANN (continuación de HELLWIG, System, t. II), pág. 182.

insertado en la ejecución[3]; pero, en tal hipótesis, la cognición, en lugar de dar vida al título ejecutivo (ya nacido contractualmente fuera del proceso), tiende solamente a establecer la certeza de que el pretendido título ejecutivo es meramente *aparente* y, por consiguiente, ineficaz[4].

En el caso de los actos contractuales inmediatamente ejecutivos falta, pues, toda huella de cognición *con finalidad preparatoria del título ejecutivo,* lo que aparece políticamente justificado por la oportunidad de no retardar, a través de una previa declaración jurisdiccional de certeza, la rápida, satisfacción de un crédito consagrado en un acto público ya de por sí acompañado de particulares garantías de certeza. Pero también en los casos en que el crédito no resulte de una de aquellas declaraciones *no jurisdiccionales* de certeza que la ley considera, sin necesidad de otra cosa, títulos ejecutivos, y en los que, como consecuencia, el acreedor que quiera proceder a la ejecución no tiene otra vía que la de recurrir al juez para ver consagrado su derecho en una verdadera y propia declaración jurisdiccional de certeza, el ordenamiento jurídico, considerando que para el acreedor la cognición es sólo un instrumento que tiene por finalidad la ejecución, toma en cuenta a veces el interés que tiene en alcanzar su finalidad con la menor dilación posible, y trata de facilitar la obtención del fin haciendo menos complicado y menos lento el instrumento. Surgen así, en las legislaciones, formas especiales de procesos de cognición, cuya particular estructura responde mejor que la del proceso ordinario a la finalidad de dar vida con celeridad a un título ejecutivo; son también éstos (como tendremos ocasión de repetir) verdaderos procesos *de cognición;* pero la cognición está considerada aquí, no tanto en su función inmediata de declaración de certeza cuanto en su función mediata de preparación del título ejecutivo. Nuestra doctrina habla, en cuanto a estas formas especiales, de "declaraciones de certeza con predominante función ejecutiva"[5]; pero no en el sentido, entendámonos bien, de que estos procesos sean ya, ellos mismos, inicio de ejecución (ya que ejecución no se da sin aquel título ejecutivo que es el producto y el resultado final de estos procesos), sino en el sentido de que estos procesos especiales de cognición son particularmente idóneos para construir con celeridad el título ejecutivo, sin el cual el acreedor no puede dar principio a la verdadera y propia ejecución. "Predominante función ejecutiva", significa pues que, en estos procesos, *predomina sobre la función de declaración de certeza la función de preparación del título ejecutivo.*

3. *Abreviación consistente en dejar al deudor la iniciativa del contradictorio*

Entre las diversas formas de procesos especiales de cognición típicamente preordenados a la rápida creación de un título ejecutivo, tienen importancia para nosotros, en relación al tema que aquí estudiamos, aquellos procesos en los que la abreviación de la cognición consiste en lo siguiente: en que, mientras

3 CHIOVENDA, *Principii,* pág. 243; CARNELUTTI, *Lezioni,* t. II, págs. 81 y sigs.; sobre la *Vollstreckungsgegenklage* del proceso alemán, cfr. OERTMANN, *ob. cit.* § 287; STEIN, *Grundriss,* § 158.

4 Cfr. también aquí CHIOVENDA, *Principii,* pág. 244.

5 CHIOVENDA, *Principii,* § 8 bis; cfr. también el trabajo posterior del mismo, *La sentenza di condanna con riserva,* en Riv. *clir. comm.,* 1917, I, pág. 617, n. 11.

el proceso de cognición ordinario se inicia, según el *principio del contradictorio* (art. 38 del Cód. de proc. civ.), con la citación del demandado, de manera que el juez no emite su pronunciamiento sino después de haber oído (o haber declarado contumaz en forma regular) también al adversario de aquel que propone la demanda, en estas formas especiales de procesos de cognición, el actor, mediante petición, acude directamente al juez, el cual emite *sin previo contradictorio* una orden de pago dirigida al demandado, señalándole al mismo tiempo un término dentro del cual éste puede, si le interesa, provocar el contradictorio mediante oposición; con la consecuencia de que, a falta de oposición formulada en tiempo, la orden de pago adquiere, con el transcurso del término, eficacia de título ejecutivo. Sobre las particularidades de estos procedimientos especiales, cuya estructura puede variar en los detalles (como se verá a su tiempo) de una legislación a otra, no nos detenemos por ahora; nos basta, por el momento, con observar que el carácter típico de esta categoría de procesos es el siguiente: que en ellos la finalidad de llegar con celeridad a la creación del título ejecutivo se alcanza *desplazando la iniciativa del contradictorio del actor al demandado.* Mientras en el proceso de cognición ordinario el título ejecutivo no nace sino después que el actor haya instaurado regularmente el contradictorio, el cual resulta perfectamente superfluo en todos aquellos casos en que el demandado comparecido no tiene nada que oponer a la demanda del actor, o en absoluto se abstiene de comparecer, en estos procesos especiales el título ejecutivo nace por el solo hecho de que el demandado no demuestre, haciendo oposición dentro del término establecido, la utilidad, de la cual él es el mejor juez, de abrir el contradictorio; de manera que el interés del actor en la rápida creación del título ejecutivo viene a ser prácticamente satisfecho en todos aquellos casos en los que el propio demandado comprende que el contradictorio sería inútil, porque no tiene nada serio que oponer a las razones del actor[6]. El concepto, desde luego lógico y económico, en que se inspiran estos procedimientos es, pues, el siguiente: que *el juicio sobre la oportunidad de abrir el contradictorio, y, por consiguiente, la iniciativa de provocarlo, debe dejarse a la parte en cuyo interés el principio del contradictorio tiene inicialmente vigor, esto es, al demandado*[7].

Podemos decir así que hemos llegado a aislar una categoría de procedimientos especiales de cognición, los cuales se distinguen de todos los otros procedimientos por estos dos caracteres fundamentales: 1°, por la *finalidad,* que es la de dar vida, con mayor celeridad de la que pueda conseguirse en el procedimiento ordinario, a un título ejecutivo, 2ª, por el *medio,* que es el de invertir, haciéndola pasar del actor al demandado, la iniciativa del contradictorio (por lo que podemos, en general, denominarlos procedimientos con *inversión de la iniciativa del contradictorio)*[8]

---

6 Carnelutti, *Lezioni,* t. II, pág. 242: "cuando la iniciativa del contradictorio se deja al contradictor en procedimiento de oposición a la providencia emanada contra él, es natural que no se valga de tal iniciativa sino cuando considere que tiene alguna cosa útil que decir".

7 Chiovenda, *Principii,* pág. 242.

8 Carnelutti, *Lezioni,* t. II, n. 101, enseña, que el carácter fundamental del procedimiento monitorio consiste en la *eventualidad* del contradictorio; pero, en mi concepto, se aprecia mejor la naturaleza del procedimiento monitorio estableciendo su carácter típico no tanto en la *eventualidad* del contradictorio cuanto en el desplazamiento de iniciativa (que es la

§ II. Procedimiento monitorio puro y procedimiento monitorio documental en las legislaciones extranjeras

4. *Origen italiano del procedimiento monitorio*

A esta categoría de procedimientos especiales pertenece el "procedimiento de inyunción tal corno ha sido realizado por nosotros en aplicación de la ley de 9 de julio de 1922, n. 1035, por el Real Decreto de 24 de julio de 1922, n. 1036. Pero antes de pasar, para una más exacta colocación sistemática, a profundizar la naturaleza de éste y de otros procedimientos afines que nuestro derecho positivo conocía ya, aun antes de la ley de 9 de julio de 1922, en varias manifestaciones esporádicas, es indispensable que nos demos cuenta más de cerca de las formas precisas que estos procesos especiales han asumido en la legislación alemana y en la austríaca; no porque esta categoría de procedimientos sea una creación original del derecho alemán, ya que, por el contrario, los mismos encuentran en el *praeceptum executivum sine causae cognitione* su directo arquetipo de factura genuinamente italiana, sino porque también en cuanto a estos institutos procesales, ingeniosos productos de la práctica italiana anterior a la codificación, se ha verificado el fenómeno, tan frecuente en todo el derecho procesal moderno, de que los ejemplos de nuestra tierra, del período intermedio, hayan sido más fielmente imitados y más sabiamente utilizados en las legislaciones alemanas que no en la propia legislación procesal italiana hoy vigente, bruscamente separada, a causa del influjo francés, de sus tradiciones nacionales. De suerte que también respecto de este "procedimiento de inyunción", recientemente colocado por nosotros en el puesto de honor que le corresponde (cuya recepción dentro de nuestro derecho, no tiene de imitación extranjera más de lo que pueda tener la reciente recepción en nuestros museos de las obras del arte italiano restituidas por Austria) nuestro legislador, para ponerse en contacto con la tradición propia, ha debido dirigirse principalmente a las leyes procesales alemanas, de las que en este procedimiento de inyunción ahora introducido en Italia es fácil reconocer la impronta, como a su tiempo se verá.

5. *Límites de aplicabilidad: procedimiento monitorio puro y procedimiento monitorio documental*

Teóricamente hablando, nada impediría *a priori* adaptar a cualquier especie de acciones, esta forma de procedimiento, en el que la iniciativa del contradictorio se desplaza del actor al demandado; del mismo modo que se puede tener en nuestro proceso ordinario una sentencia de declaración de mera certeza o una sentencia constitutiva pronunciadas en contumacia del demandado, así no sería ni lógica ni jurídicamente absurdo pensar que también las acciones de declaración de mera certeza y las acciones constitutivas pudieran ser hechas valer mediante este procedimiento especial y satisfechas mediante decreto del juez, pronunciado *inaudita altera parte* y destinado a adquirir eficacia similar a la de una verdadera sentencia, en el caso de que el demandado no se valiese de su facultad de provocar el

causa de tal eventualidad) del actor al demandado (Cfr. cuarta parte, n. 3).

contradictorio. Sin embargo, puesto que la utilidad práctica de esta inversión de la iniciativa del contradictorio se manifiesta históricamente sobre todo en relación a la celeridad con que la misma permite llegar al título ejecutivo, así es fácil comprender que esta forma de procedimiento esté reservada por las legislaciones exclusivamente para las acciones de condena[9].

Es oportuno observar, por otra parte, que ni siquiera a todas las acciones de condena se encuentra aplicado indistintamente este procedimiento; quedan excluidas del mismo las acciones de condena relativas a prestaciones *de hacer* o *de no hacer*, y las relativas a prestaciones *de dar* cuando la prestación tenga por objeto una cosa no fungible[10]. De suerte que se puede decir que este procedimiento está normalmente reservado a las solas acciones de condena que tengan por objeto mediato una suma de dinero a pagar o una determinada cantidad de cosas fungibles a entregar[11]; lo que, sin embargo, no quita para que se encuentren en las legislaciones positivas, y se puedan admitir *in jure conciencio*, ejemplos de extensión de este procedimiento a todas las categorías de acciones de condena[12].

Pero las restricciones que las legislaciones establecen al campo de aplicabilidad de este procedimiento en sus diversas formas, no se detienen aquí; las mismas no contemplan solamente, como las que hemos visto hasta ahora, la naturaleza de la acción y de su objeto mediato, sino que, en ciertas legislaciones positivas, y se puedan admitir *in jure* conque se presentan al juez los hechos señalados por el actor como fundamento de su demanda; según que estos hechos resulten de la simple afirmación del actor, o resulten, en cambio, de prueba escrita, el procedimiento con inversión de la iniciativa del

9 CHIOVENDA, *Principii*, pág. 212 "... este procedimiento, por tener función predominantemente ejecutiva, no puede emplearse para la mera declaración de certeza de los derechos". SEGNI, en su trabajo sobre *L'opposizione del convenuto nel processo monitorio*, n. 8, nota 1 a pág. 362, señala en el decreto de 27 de marzo de 1916, n. 397, un caso en que el procedimiento monitorio sirve para hacer valer una acción constitutiva; otro caso análogo se pone en evidencia por CRISTOFOLINI, en *Riv. dir. proc. civ.*, parte I, pág. 211, en los arts. 3 y 4 de la Convención de 14 de junio de 1907 entre Italia y la República de San Marino.

10 Esta exclusión está justificada, en la *Relación gubernativa* a los §§ 548 y sigs. de la Z. P. O. austríaca, por el motivo de que "el objeto de la prestación carece aquí de la determinación que se requiere para que pueda pronunciarse, con la conminación de ejecución, un precepto".

11 Cfr. § 668 Z. P. O. alemana; ley austríaca de 27 de abril de 1873, § 1; Z. P. O. austríaca, § 548.

12 En la doctrina italiana del periodo intermedio se encuentran ejemplos de procedimiento de inyunción utilizado para obligaciones de hacer o de no hacer *(praeceptum ut aliquid faciat vel non faciat)*, o incluso en controversias relativas a derechos reales; cfr. SKEDL, *Das Mahnverfahren*, Leipzig, 1891, pág. 32. El proyecto de reformas al Cód. de procedim. civ., presentado por el ministro ORLANDO el 20 de mayo de 1909 extendía el procedimiento de inyunción a las obligaciones de hacer o de no hacer (art. 37, y pág. 21 de la *Relación)*. Por otra parte, las legislaciones de los antiguos estados italianos y las extranjeras hoy vigentes ofrecen ejemplos de procedimiento de inyunción empleados para la entrega de inmuebles locados (CHIOVENDA, *Principii*, págs. 218 y siguientes) como proponía también el proyecto de ley sobre el procedimiento de inyunción presentado por el ministro MORTARA, el 16 de julio de 1919 a la Cámara de los diputados (arts. 17-2. 4): cfr. MORTARA, *Manulle*, 9ª ed., vol. I. pág. 507, y *Appendice*, págs. 67-74.

contradictorio se puede distinguir en las legislaciones procesales alemanas en dos tipos diversos, que podemos aquí para entendernos, denominar respectivamente: *a)* procedimiento *monitorio puro; b)* procedimiento *monitorio documental*[13]. Es conveniente examinar de cerca los caracteres específicos de estas dos formas de procedimiento monitorio, que, como veremos, tienen ambas también en nuestro derecho derivaciones reconocidas.

6. a) El procedimiento monitorio puro (Mahnverfahren) en la legislación austríaca

El procedimiento *monitorio puro (Mahnverfahren)* se encuentra aplicado en su forma más simple, y podemos decir más enérgica, en la ley austríaca de 27 de abril de 1873, n. 67, modificada por la *Gerichtsentlastungsnovelle* de 1° de junio de 1914, n. 118. A las limitaciones ya vistas, concernientes a la naturaleza de la acción y de su objeto mediato, la ley recordada añade otra restricción concerniente al *valor* del crédito hecho valer; este procedimiento monitorio está limitado, en efecto, al ejercicio de los créditos de *valor mínimo*[14].

Los caracteres más salientes de la estructura procesal de este procedimiento son los siguientes. En virtud de la simple petición *(Gesuch),* escrita u oral (§ 4), del acreedor, el juez competente (que es, en todos los casos, el *Bezirksgericht* [§ 2]) libra, sin oír al deudor (§ 5), una orden condicionada de pago *(ein bedingter Znhlungsbefehl),* dirigida al deudor, con la advertencia de que el mismo puede hacer oposición (*Widerspruch*) dentro del término de 14 días a contar de la notificación (§ 6). Si el deudor no hace oposición dentro de ese término, la orden de pago adquiere fuerza de título ejecutivo (§ 15), contra el cual no está admitido otro remedio que la restitución *in integrum,* cuando el deudor pruebe no haber podido hacer oposición dentro del término a causa de un suceso imprevisto o inevitable (§ 14). Si el deudor hace oposición dentro del término (y basta a tal fin que declare al juez, oralmente o por escrito, que hace oposición a la orden de pago, sin *necesidad de aducir los motivos de ello* [§ 8]), la orden de pago pierde, por el solo efecto de tal declaración, toda su fuerza (§ 9). La proposición de la oposición, que hace caer la orden de pago emanada sin contradictorio, no basta por sí sola para abrir el juicio en contradictorio; a tal objeto, es necesaria una nueva petición del acreedor, presentada en las formas ordinarias, cuando el acreedor no la haya acumulado, a prevención, con la petición de orden de pago (§ 19)[15].

Esta forma de procedimiento se encuentra hoy en día en vigor también en la República Checoeslovaca, donde, sin embargo, el límite máximo de su aplicabilidad por valor ha sido elevado a la suma de 5. 000 coronas[16].

---

13 Contra esta distinción, cfr. SEGNI, *L'opposizione,* cit., n. 7. Cfr., además, cuarta parte n. 2.

14 Por el § 1 de la ley de 27 de abril de *1873,* este procedimiento se limitaba a los créditos cuyo valor, sin contar los intereses y los accesorios, no superase los 200 florines de moneda austríaca (400 coronas). La G. E. N. de 1° de junio de 1914 elevó esta cifra a un máximo de 1000 coronas. En cuanto a los ulteriores aumentos de tal cifra determinados por las más recientes Novelas, cfr. HERMANN, *Zivilprozessnovellen (*Wien, 1923).

15 Cfr. POLLAK, *System des Oesterr. Zivilprozessr.* (Wien, 1906), vol. II, págs. 665 y sigs. Una breve comparación entre el procedimiento austríaco y el alemán, en HELLWIG; *System,* t. II, págs. 69-70

16 Ley de 19 de abril de 1921, n. 161, art. III, en *Die Zivilprozessgesetzgebung der tsch-slow.*

7. *El procedimiento monitorio puro (**Mahnverfahren**) en la legislación alemana*

La limitación del procedimiento monitorio puro a los créditos de valor mínimo, que hemos visto hace un momento en el derecho austríaco, no está aceptada por el derecho alemán (Z. P. O., §§ 688-702: *Mahnverfahren),* el cual extiende este procedimiento a los créditos de cualquier valor, siempre que, como se comprende, tengan por objeto una suma de dinero o una determinada cantidad de cosas fungibles (§ 688). Pero si el campo de la aplicación de este procedimiento es mucho más vasto en el derecho alemán, que en el austríaco, también su estructura procesal es mucho más complicada y menos fácil que en éste.

También aquí el procedimiento se inicia con una petición (*Gesuch*) escrita u oral (§§ 690-702), dirigida por el acreedor al juez competente (siempre el *Amtsgericht,* cualquiera que sea el valor del crédito [§ 689]), el cual, *inaudita altera parte,* libra una orden condicionada de pago (§ 688), conteniendo la invitación al deudor de pagar o de hacer oposición dentro de una semana a contar de la notificación (§ 692). Si el deudor hace oposición en tiempo (*Widerspruch),* la cual puede ser hecha también oralmente y sin motivación, la orden de pago no adquiere por el solo transcurso del término la eficacia de título ejecutivo; pero es necesario que, en virtud de nueva petición del acreedor, el mismo sea declarado ejecutable, mediante una orden de ejecución *(Vollstreckungsbefehl* [§ 699]) librada por el canciller o, en caso de que éste se niegue, por el tribunal. La orden de ejecución equivale a una sentencia contumacial declarada provisoriamente ejecutiva; y contra ella, el deudor puede hacer oposición *(Einspruch)* dentro de los mismos límites en que la oposición está admitida contra las sentencias contumaciales (§ 700). En el caso de que se proponga oposición *(Widerspruch)* contra la orden de pago, u oposición *(Einspruch)* contra la orden de ejecución, el juicio en contradictorio se desarrolla, a petición de una de las partes (§ 696), no ya según la competencia exclusiva del *Amtsgericht,* sino de acuerdo con las reglas ordinarias de la competencia por valor (reenvío al *Landgericht* [§§ 697-700])[17].

Dejando aparte las diversas formalidades y los diversos límites de aplicación, el procedimiento monitorio del derecho alemán tiene de común con el del derecho austríaco estos dos caracteres fundamentales: 1°, que la orden condicionada de pago se libra por el juez a base de la sola afirmación, unilateral y no probada, del acreedor; 2°, que la simple oposición no motivada del deudor hace caer en la nada la orden de pago, de manera que el juicio en contradictorio, que puede eventualmente desarrollarse en mérito de tal oposición, no se dirige a decidir si la orden de pago debe ser revocada o mantenida, sino a decidir *ex novo* sobre la originaria acción de condena, como si la orden de pago no hubiera sido nunca emitida[18].

Republik heraus. v. Weiss (1921), página 11; cfr. del mismo Weiss la reseña de legislación procesal checoeslovaca *en Rhein. Zeits.* XI (1921), pág. 172.

17 Cfr. los dos tratadistas más recientes: HELLWIG, *System,* t. II, §§ 253-255; STEIN, *Grundriss,* § 114. Los escritos monográficos serán citados en las notas siguientes.

18 STEIN, *Grundriss,* § 114, VI. Estos dos caracteres, propios del procedimiento monitorio puro, se encuentran también en el procedimiento establecido, sobre las líneas del antiguo

8. *b) El procedimiento documental (Urkundenprozess) en la legislación alemana*

El segundo tipo de procedimiento monitorio, que nosotros llamamos *monitorio documental,* es una singular forma híbrida que el derecho austríaco actual (bajo el nombre de *Mandatsverfahren* [Z. P. O. §§ 548-554]) ha derivado de la combinación de dos procedimientos profundamente diversos: la denominación de procedimiento *monitorio documental,* adoptada por nosotros, trata, en efecto, de recordar que esta forma de procedimiento se puede considerar como una fusión del procedimiento monitorio puro *(Mahnverfahren),* cuya estructura hemos examinado ya, y del proceso documental *(Urkundenprozess)* del derecho común alemán, del que ahora veremos los caracteres más significativos.

El llamado proceso *documental* del derecho alemán, hoy aceptado en su forma tradicional por la legislación germana (Z. P. O. §§ 592-605: *Urkunden-und Wechselprozess)*[19] y limitado en nuestro derecho al solo caso del proceso cambiario (Cód. de comercio, art. 324), tiene de común con el proceso monitorio la finalidad de dar vida, con mayor celeridad que el proceso ordinario, a un título ejecutivo; pero el medio de que se vale para alcanzar esta finalidad no consiste ya en la inversión de la iniciativa del contradictorio, sino que consiste en el carácter incompleto de la cognición, la cual, si se inicia en las formas ordinarias mediante contradictorio provocado por el actor, está limitada, en una primera fase del juicio, a las solas excepciones de rápida solución, con reserva de las otras de más amplia investigación para una fase ulterior; de suerte que, mientras esta segunda fase del juicio está todavía pendiente, el acreedor tiene, sin embargo, un título ejecutivo provisorio (*condena con reserva)* del cual puede valerse sin esperar el resultado de la cognición completa. Esta forma de procedimiento no encuentra justificación lógica más que en aquellos casos en los cuales exista en alto grado la probabilidad de que la declaración definitiva de certeza coincida con la declaración provisional; o sea, en otras palabras, en aquellos casos en los que la naturaleza de las pruebas en las cuales el actor apoya su demanda sea tal que haga, ya que no cierto, al menos verosímil, el fundamento de la demanda misma; por eso la aplicabilidad de este procedimiento está limitada no solamente a las acciones de condena relativas al pago de sumas de dinero o a la entrega de determinadas cantidades de cosas fungibles (Z. P. O. § 592, como para el proceso monitorio), sino que está limitada, además, y de ello

---

Rechtsbot, por la ley federal suiza sobre la ejecución y la quiebra del 11 de abril de 1889, según la cual el *Zahlungsbefehl* puede ser librado sobre la simple afirmación del acreedor y pierde toda eficacia por la simple oposición del deudor (arts. 69-79; especialmente notables los arts. 78 y 79). El procedimiento tiene, en cambio, carácter netamente ejecutivo cuando la orden de pago se basa sobre sentencia pasada en autoridad de cosa juzgada o sobre otro título ejecutivo (arts. 80-84). Cfr. CHIOVENDA, *Principii,* pág. 212, nota 3; REICHEL., *DAS Schutdbetreibungs-und Konkursgesetz* (Zürich, 1912), págs. 58 y sigs.; HEUSLER, *Der Zivilprozess der Schweiz* (Bensheimer, 1923), pág. 180; y en cuanto a la historia del *Rechtsbot,* Kohler, en *Arch. f. civ. Pr.,* LXXXIX, pág. 284. Sobre el procedimiento de *writ of special indorsement* del derecho inglés, cfr. KOHLER, Proz. *Forschungen,* 136 y sigtes.

19 Cfr. HELLWIG, System, t. II, págs. 251-252; *Stein, Grundriss,* § 112; y entre nosotros, CHIOVENDA, *Principii,* págs. 205 y sigs. y, sobre todo, su trabajo ya citado, *La condanna con riserva,* págs. 628 y sigs.

deriva el nombre de proceso *documental,* a aquellas acciones cuyos hechos constitutivos pueden ser probados mediante documentos (§ 592 cit.). Contra la acción fundada sobre documentos, el demandado no puede oponer otras excepciones que aquellas igualmente basadas sobre pruebas escritas (o sobre juramento decisorio [§ 595]); las fundadas sobre otros medios de prueba no impiden que la demanda del actor sea mientras tanto acogida mediante sentencia de condena con reserva *(Vorbehaltsurteil* [cfr. § 599]), salvo, en cuanto al demandado, el derecho de hacerlas valer en una fase posterior del procedimiento *(Nachverfahren).*

Esta breve indicación en torno al proceso *documental (Urkundenprozess)* de la legislación alemana nos permite volver con mayor claridad de ideas al proceso *monitorio documental* de la legislación austríaca (*Mandatsverfahren)* *y* explicar las razones por las cuales hemos afirmado hace poco que el mismo es de naturaleza híbrida. En efecto, el mismo se aproxima al proceso monitorio puro, en cuanto trata de crear con celeridad un título ejecutivo mediante la inversión de la iniciativa del contradictorio; pero, por otra parte, se aproxima al proceso documental de la legislación alemana, en cuanto, aun no admitiendo la limitación de las excepciones y, por consiguiente, la condena con reserva, es aplicable solamente a los créditos fundados sobre prueba escrita [20].

9. El procedimiento monitorio documental (Mandatsverfahren) en la legislación austríaca.

El proceso *monitorio documental* (*Mandatsverfahren)* de la legislación austríaca es utilizable para los créditos de dinero o de otras cosas fungibles, cuando la demanda se base sobre actos públicos o sobre documentos privados autenticados (Z. P. O. austríaca, § 549). El acreedor que quiere valerse de esta forma de procedimiento debe, en el mismo escrito inicial *(Klage)* que sirve para incoar el proceso ordinario, pedir que se libre contra el deudor un mandato de pago de conformidad con la demanda *(Mandat, Zahlungsauftrag)',* el juez (cuya competencia se determina, según las reglas ordinarias, por el valor de la demanda), si considera que los hechos constitutivos de la acción resultan probados por los documentos producidos, libra, sin oír a la otra parte, el mandato de pago pedido (§ 550) dirigido al deudor, el cual, dentro de los catorce días a contar de la notificación del mandato, puede hacer valer sus excepciones *(Einwendunigen* [§§ 500 y 552]) ante el mismo tribunal que lo ha librado. Si el deudor no hace valer oportunamente sus excepciones, el mandato, con el transcurso del término adquiere eficacia de título ejecutivo; si el acreedor se opone dentro de término, su oposición da lugar, sin ulterior instancia del actor, al debate en contradictorio (§ 552) después del cual el tribunal decide mediante sentencia si el mandato de pago debe ser confirmado, convirtiéndose así en título ejecutivo, o si, por el contrario, debe ser declarado ineficaz (§ 553).

Basta esta referencia esquemática para hacer comprender las grandes afinidades de estructura que tienen lugar entre el procedimiento monitorio puro y este *Mandatsverfahren* austríaco (en gran parte reproducido en la ley

20 Cfr. Pollak, *System,* t. II, pág. 633; Hellwig, *System,* t. II, pág. 56; y entre nosotros, referencias en Chiovenda, *Principii,* pág. 206, nota 2, pág. 212, nota 2, y págs. 1181 y sigs.

búlgara del 30 de noviembre de 1897)[21]; entre el *Zahlungsbefehl* de aquél y el *Zahlungsauftrag* de éste la diferencia es, en verdad, más de nombre que de sustancia. Conviene, sin embargo, poner de relieve que el procedimiento monitorio documental difiere notablemente del procedimiento monitorio puro en dos puntos (cfr. anteriormente, n. 7, al final): 1°, en cuanto, mientras el *Zahlungsbefehl* se libra por el juez en virtud de la simple afirmación no probada del acreedor[22] , el *Zahlungsauftrag* presupone que los hechos constitutivos del crédito sean probados mediante documentos; 2°, en cuanto, mientras en el proceso monitorio puro la orden de pago pierde su eficacia por la simple oposición *no motivada* del deudor, en el proceso monitorio documental la oposición del deudor no hace caer sin más el mandato de pago, pero tiene, en cambio, el efecto de abrir un juicio de cognición en contradictorio, en el cual el tribunal, valorando en sus elementos de derecho y de hecho las excepciones del demandado, debe decidir si éstas son tales que demuestren la falta de fundamento del mandato de pago o si por el contrario, éste merece, a base de las pruebas escritas ya proporcionadas por el actor, ser, sin embargo, mantenido y hecho ejecutivo[23].

No me parece que sea superflua una ulterior advertencia: estas excepciones que en el *Mandatsverfahren* austríaco el demandado puede oponer contra el mandato de pago basado sobre pruebas documentales, no tienen nada que ver con las diversas formas de "oposición a la ejecución que las legislaciones procesales consienten al deudor: tales oposiciones, en efecto, se dirigen, como se ha visto (n. 2, al principio), a hacer declarar, cuando el proceso está ya en curso, que el título ejecutivo ya nacido y ya puesto en obra como tal, tiene eficacia meramente aparente y que, por consiguiente, la ejecución no puede ser continuada; mientras las "excepciones" de este *Mandatsverfahren* se dirigen a hacer declarar, antes de que el título ejecutivo haya nacido, que el mandato de pago, emitido condicionalmente y no revestido todavía de eficacia ejecutiva, no merece convertirse en título ejecutivo, y que, por consiguiente, a base del mismo la ejecución no puede ser ni siquiera iniciada.

21 Cfr. *Bulgarische Zivilgerichts-Ordnung samt Novelle und Gesetz i'tber das Mandatsverfahren. Deutsche Ubersetzung* (München, 1921) págs. 131 y sgs. Esta ley acepta los dos caracteres fundamentales del *Mandatsverfahren* austríaco: que es aplicable sólo a los créditos probados con escrituras públicas o autenticadas (art. 2) y que, en el caso de oposición presentada dentro de término, el tribunal debe decidir si confirma o revoca la orden de pago (art. 11).

22 Cfr. SEGNI, *L'opposizione*, cit., n. 7.

23 Cfr., acerca de esta diferencia entre *Mahnverfahren* y *Mandatsverfahren*, POLLAK, *System*, t. II, págs. 666-667, advirtiendo que la otra diferencia puesta de relieve por este autor y consistente en que mientras el *Mandatsverfahren* da lugar a una acción ejecutiva que prescribe a los treinta años, la eficacia del título ejecutivo creado con el *Mahnverfahren* duraría solamente seis meses, no existe ya después de la G. E. N. de 1° de junio de 1914 que ha abrogado el § 16 de la ley de 27 de abril

§ III. EL PROCEDIMIENTO MONITORIO EN LA LEGISLACIÓN ITALIANA

10. Diversos tipos de procedimiento monitorio en el derecho italiano

Habiendo pasado así revista a los más característicos tipos de procedimientos de cognición con inversión de la iniciativa del contradictorio, que se presentan en las legislaciones extranjeras, podemos ahora darnos cuenta mejor de la figura asumida por el instituto, en parte bajo el influjo de estos precedentes inmediatos suyos, en nuestro derecho.

Y mientras tanto, podemos hacer esta observación preliminar: que en la legislación procesal italiana no tenemos una sola forma de procedimiento monitorio perteneciente al uno o al otro de los dos tipos (procedimiento monitorio *puro* y procedimiento monitorio *documental)* anteriormente considerados; sino que tenemos al mismo tiempo aplicaciones del primero y del segundo tipo, con características netamente distintas, si bien, a veces, con denominaciones idénticas; teniendo, además, alguna forma intermedia entre estos dos tipos.

11. a) Ejemplos de procedimiento monitorio puro: Real Decreto de 20 de marzo de 1913, n. 239; art. 379 del Código de procedimiento civil.

El procedimiento monitorio puro no se encuentra adoptado por nosotros como instituto general en todo el territorio del Estado.

Mientras en las provincias liberadas está todavía en vigor el procedimiento monitorio austríaco regulado por la ley de 27 de abril de 1873 (con las modificaciones introducidas en ella por la Novela del 1° de junio de 1914 y posteriores), una forma de procedimiento monitorio puro, que se inspira de manera muy evidente en esta ley, se está llevando a cabo desde 1913 en la colonia de Libia (Ordenamiento judicial de Libia, Real Decreto de 20 de marzo de 1913, n. 239, *procedimiento monitorio,* arts. 49-58), pero limitada a los créditos en que el valor no exceda de 500 liras (art. 49). En las antiguas provincias del Reino, el procedimiento monitorio puro no encuentra aplicación (por no hablar del procedimiento para entrega de inmuebles, regulado por la ley de 24 de diciembre de 1896, n. 547, el cual, aun derivando históricamente del proceso monitorio, conserva de él solamente algún carácter secundario)[24] con excepción de la establecida por el artículo 379 del Código de procedimiento civil (integrado por el artículo 3 del Decreto del Lugarteniente, de 27 de octubre de 1918, n. 1774) en cuanto a los créditos de

24 Cfr. CHIOVENDA, *Principii,* págs. 218 y sigs. y 1197 y sigs. SEGNI, *L'opposizione,* cit., nota 4 a pág. 350, y núm. 8 letra *a,* considera también el procedimiento de lanzamiento por locación terminada, establecido por esta ley, como ejemplo típico de procedimiento monitorio. Llega a esta conclusión porque establece como carácter fundamental del procedimiento monitorio la condena *sin cognición,* que, también por la ley de 24 de diciembre de 1896, puede tener lugar cuando el lanzamiento es convalidado en caso de falta de comparecencia del demandado; a conclusión opuesta debo yo llegar lógicamente que, al considerar como carácter distintivo del procedimiento monitorio la inversión de la iniciativa del contradictorio, no puedo hacer entrar en este tipo de procedimiento el lanzamiento por locación terminada que se acompaña siempre a la citación del demandado. Cfr., más adelante, cuarta parte, n. 2.

los profesionales jurídicos respecto de sus clientes, sin limitación de suma (cfr. art. 79 de la Ley notarial de 16 de febrero de 1913, n. 89).

La aplicación del procedimiento monitorio puro está sometida, pues, en nuestro derecho, a notables restricciones, no sólo por razón *de territorio* (en cuanto no está uniformemente regulado en todas las partes del Estado), sino también por razón de valor (ejecutabilidad del crédito) o por razón *de materia* (naturaleza privilegiada del crédito).

Los dos caracteres que hemos considerado como fundamentales del procedimiento monitorio puro (anteriormente n. 7 al final) y como decisivos para distinguirlo del procedimiento monitorio documental (anteriormente n. 9), se encuentran con absoluta evidencia en el procedimiento monitorio, regulado con sobrias y claras disposiciones, del ordenamiento de Libia; éste establece, en efecto: 1°, que la orden de pago se libra en virtud de simple petición, oral o escrita, del acreedor, sin ninguna exhibición de pruebas (art. 50); y que «en cuanto a la oposición, basta que el deudor declare oralmente o por escrito en la cancillería del tribunal que el mismo hace oposición a la orden de pago. *No es necesario aducir motivos. Hecha la oposición, la orden de pago pierde su eficacia*" (art. 54)[25].

No aparecen con tanta evidencia estos dos caracteres en el procedimiento monitorio a favor de los profesionales jurídicos, tal como está regulado por los citados artículos 379 del Código de procedimiento civil y 3 del Decreto del Lugarteniente de 27 de octubre de 1918; los mismos resultan, sin embargo, implícitamente del hecho de que estas disposiciones no exigen en modo alguno que el profesional acreedor justifique con pruebas el fundamento de su minuta, y de la enseñanza de la doctrina, según la cual, también en este caso, "formulada oposición dentro de término, la orden de pago pierde igualmente la posibilidad de hacerse ejecutiva y se resuelve definitivamente en una demanda judicial"[26].

Grandes analogías con esta forma de procedimiento monitorio civil tiene el procedimiento "por decreto" del Código de procedimiento penal *(Del decreto penal:* arts. 298- 302), especialmente por la disposición del artículo 301, según el cual, si el imputado hace oposición al decreto que lo condena y se presenta en audiencia, "el decreto se tiene como no pronunciado".

12. b) Ejemplo de procedimiento monitorio documental: Real Decreto de 24 de julio de 1922, n. 1036

El procedimiento "de inyunción introducido recientemente en Italia como instituto general por la ley antes citada de 3 de julio de 1922, n. 1035, seguida del Real Decreto de 24 de julio de 1922, n. 1036, se diferencia terminantemente de las formas de procedimiento monitorio puro examinadas hasta aquí y se aproxima notablemente al procedimiento monitorio documental *(Mandatsverfahren)* del derecho austríaco (§§ 548-554, Z. P. O.; cfr., anteriormente, n. 9). Las

25 Cfr. SEGNI, *L'opposizione,* cit., n. 8, letra *c.*

26 CHIOVENDA, *Principii* págs. 216 y 1193 y sig. Sobre este procedimiento y sobre el procedimiento análogo, establecido por el art. 79 de la ley notarial de 16 de febrero de 1913, cfr. SEGNI, *L'opposizione,* cit., n. 8, letra *b* y notas.

características que nos inducen a considerar este procedimiento de inyunción como profundamente diverso del verdadero y propio procedimiento monitorio puro, se encuentran ya indicadas en el *Proyecto* Orlando del 24 de mayo de 1909[27] (arts. 23-29: *Del procedimiento de inyunción),* redactado, como es sabido, por Ludovico Mortara; y aparecen después netamente definidas en el *Proyecto* de 16 de julio de 1919 especialmente dedicado al procedimiento de inyunción[28], que el mismo Mortara compilo y presentó como ministro al Parlamento y que, a través de diversas alternativas parlamentarias, se transformó, con alguna modificación no sustancial, en el Real Decreto de 24 de julio de 1922, n. 1036, hoy en vigor.

Según este Decreto, el procedimiento de inyunción puede utilizarse solamente por un crédito líquido y exigible en dinero, o bien en mercaderías u otras cosas fungibles, *fundado sobre prueba escrita, valida según las normas del Código civil o del Código de comercio"*[29]; es éste el carácter típico del procedimiento monitorio documental del derecho austríaco, con la diferencia (justificada por el hecho de que el derecho austríaco conoce en proporción mucho más limitada que el nuestro la fuerza ejecutiva inmediata de los títulos contractuales) de que mientras el *Mandatsverfahren* austríaco es utilizable solamente si tiene por base actos públicos o documentos privados autenticados (§ 548, Z. P. O.), nuestro procedimiento de inyunción se puede utilizar a base de cualquier prueba escrita; lo que, como veremos a su tiempo en la exégesis de los artículos de este Decreto, aumenta considerablemente su campo de aplicación.

El segundo carácter, propio del procedimiento monitorio documental (anteriormente n. 9), que se encuentra clarísimo en este nuestro procedimiento de inyunción, se deriva del artículo 12 del Decreto antes indicado, el cual dispone que la oposición, en lugar de hacer caer en la nada la orden de pago como ocurre en el procedimiento monitorio puro, "suspende la eficacia ejecutiva de la inyunción"; de suerte que el juicio en contradictorio al cual la oposición da lugar, se dirige a decidir si debe mantenerse o si debe revocarse (cfr. § 553, Z. P. O. austríaca) la inyunción, a la cual "el paso en autoridad de cosa juzgada de la sentencia que rechaza la oposición da fuerza ejecutiva irrevocable" (art. 12, incs. 19 y 29; cfr. art. 13)[30].

---

27 *Reforma del Código de procedimiento civil.* Actos de la Cámara de los Diputados, Legisl. XXIII, Sesiones de 1909, Doc. n. 147.

28 *Procedimiento de inyunción.* Actos de la Cámara de los Diputados, Legisl. XXIV, Sesiones 1913-19, n. 1177 (Presentado al Senado el 10 de diciembre de 1919); el mismo proyecto, con pocas modificaciones de forma fue presentado por el ministro Rossi a la Cámara el 25 de marzo de 1922 (Actos, Legisl. XXVI, Sesiones 1921-22, n. 1441) y al Senado el 12 de mayo de 1922 (Actos, Legisl, XXVI, 1a sesión, doc. n. 411). Cfr. en cuanto a estos precedentes parlamentarios, el citado *Appendice* al *Manuale* de MORTARA, Págs. 67-74.

29 29 Cfr. *Proyecto* ORLANDO de 24 de mayo de 1909, art. 23 (el art. 25 disponía, sin embargo, que "en cuanto a sumas no superiores a cien liras, el decreto se pronuncia por el conciliador, *aun sin la prueba escrita,* si la evidencia y la exigibilidad del crédito pueden ser verificadas de otro modo"); Proyecto MORTARA, 16 de julio de 1919, art. 1.

30 Este art. 12 deriva del art. 12 del proyecto de 16 de julio de 1919, según el cual "la oposición produce los efectos de suspender la eficacia de la inyunción y de hacer depender la regulación de las relaciones entre las partes de la sentencia definitiva".

La oposición, pues, no basta por sí misma para eliminar la posibilidad de que la inyunción se transforme en título ejecutivo; la misma "no anula *ipso jure* la inyunción, pero suspende de derecho todos sus efectos hasta la decisión de la controversia"[31], en virtud de la cual la inyunción perderá definitivamente su eficacia sólo cuando el juez se haya convencido de que los motivos y las pruebas sobre los cuales el demandado basa su oposición son tales que quitan todo valor a las pruebas escritas ya proporcionadas por el actor.

13. *c) Casos intermedios*

Una posición intermedia entre el procedimiento monitorio puro y el procedimiento monitorio documental ocupa el "procedimiento de inyunción" aceptado como instituto general y sin limitación de valor por la *Propuesta* Chiovenda (arts. 197-204)[32]; el mismo participa del procedimiento monitorio documental, en cuanto no es utilizable más que "para las obligaciones resultantes de prueba escrita" (art. 197); mientras que se aproxima al procedimiento monitorio puro en lo que concierne a los efectos de la oposición (art. 202, párrafo último: "con la presentación de la oposición, la inyunción *pierde toda eficacia,* salvo los efectos de la litispendencia").

Carácter intermedio, pero por opuestas razones, tienen aquellos diversos procedimientos privilegiados (denominados "coactivos" o "de coacción") instituidos por diversas leyes a favor de la administración pública para el cobro de los créditos que ésta pueda tener contra el ciudadano, y unificado por el texto de 14 de abril de 1910, n. 639. Estos procedimientos, que entran en la categoría de los procedimientos con inversión de la iniciativa del contradictorio[33], se aproximan al procedimiento monitorio puro, en cuanto son utilizables en base a la simple afirmación del crédito hecha por la administración pública, sin que esto resulte de prueba escrita; mientras se acercan al procedimiento monitorio documental, en cuanto la oposición formulada en tiempo por el deudor no suspende *ipso jure* el procedimiento coactivo (texto unificado de 20 de mayo de 1897, art. 135; t. u. del 14 de abril de 1910, art. 3; t. u. de la Ley de Registro de 30 de diciembre de 1923, n. 3269, arts. 144 y sigtes.; t. u. de la Ley Tributaria sobre las sucesiones, de 30 de diciembre de 1923, n. 3270, arts. 92 y sigtes.; R. D. de 9 de diciembre de 1923, n. 2710, art. 9; R. D. de 25 de febrero de 1924, n. 549, arts. 122 y 206; R. D. de 25 de marzo de 1923, n. 796, arts. 1-5, sobre el decreto penal emitido por la Intendencia de Finanzas, etc.)[34]. Se debe observar, sin embargo, que una sistematización precisa de estos procedimientos coactivos a favor de la administración pública no es fácil, porque en ellos la estructura originaria del procedimiento monitorio se ha modificado en parte bajo el influjo de elementos de derecho público (naturaleza privilegiada del crédito; ejecutoriedad de los actos administrativos; principio del *solve et repete;* etc.)[35].

31 Relación del ministro MORTARA al Proyecto de 16 de julio de 1919. Doc. n. 1177, cit., pág. 3.

32 La Riforma del procedimento civile proposta dalla Commissione per il dopo guerra *(Napoli, 1921), págs. 141 y sigs.*

33 *Cfr. sobre ellos* CHIOVENDA, Principii, *pág. 222, y mi* Rassegna della giurispr. in materia di dir. proc. civ. *en* Riv. dir.1921, parte I, págs. 211 y sigs.

34 Cfr. *Rassegna,* cit., n. 7..

35 Acerca de estos procedimientos coactivos, y sobre otros creados por la legislación de guerra

§ IV. Naturaleza y colocación sistemática del procedimiento monitorio

14. *Planteamiento de las cuestiones*

El examen que acabamos de llevar a cabo de los varios tipos de procedimiento monitorio hoy en vigor en la legislación procesal italiana y su aproximación a los más notables precedentes de las legislaciones extranjeras nos pone en situación de afrontar con conocimiento de causa el problema de la colocación del procedimiento monitorio en general dentro del sistema del proceso civil. Las cuestiones a resolver a este respecto se pueden agrupar en torno a los tres puntos siguientes:

a) Si el procedimiento monitorio tiene naturaleza propiamente jurisdiccional o si debe, por el contrario, ser sistemáticamente aproximado a la llamada "jurisdicción voluntaria";

b) el procedimiento monitorio, en el caso de que se considere que el mismo tiene naturaleza propiamente jurisdiccional, debe clasificarse entre los procedimientos ejecutivos;

c) Si el procedimiento monitorio, en el caso de que se considere como una forma de proceso de cognición especial o extraordinaria (proceso *sumario cualificado),* se puede también considerar como expresión de una acción especial distinta de la acción ordinaria de condena (acción *sumaria).*

He tenido ya ocasión de aludir en otro trabajo mío[36] a estas diversas cuestiones, debatidísimas en la doctrina procesalista alemana; pero no creo superfluo, ahora que tenemos también en Italia el procedimiento de inyunción como instituto general, volver sobre ellas de propósito y no a la ligera. Advierto también que algunos de los escritores, especialmente austríacos, que han tratado este tema, se inclinan a resolver los problemas ahora propuestos de un modo diverso según se trate de procedimiento monitorio puro *(Mahnverfahren)* o de procedimiento monitorio documental (*Mandatsverfahren*); yo considero, sin embargo, por razones que aparecerán con mayor claridad en la exposición que sigue, que, a los efectos de la definición sistemática, estos dos procedimientos pueden ser considerados como un tipo de procedimiento único (procedimiento con inversión de la iniciativa del contradictorio) y que no existen motivos suficientes para considerarlos como institutos de naturaleza fundamentalmente diversa.

15. *a) Opinión de escritores austríacos según los cuales el procedimiento monitorio pertenece a la jurisdicción voluntaria; referencia a una teoría de Carnelutti*

Entre los procesalistas austríacos hay una notable tendencia a considerar el *Mahnverfahren* de la ley de 27 de abril de 1873 como perteneciente a los

---

y que ahora ya no están en vigor (Decr. del Lugart. de 9 de noviembre de 1916, inc. G, art. 5; 15 de abril de 1917, n. 634; 7 de enero de 1917, n. 55, art. 2), cfr. Segni, *L'opposizione*, cit., n. 7.

36 *Rassegna*, cit., ns. 4 *y* 5.

procedimientos de jurisdicción voluntaria *(ausser Streitsachen)*[37], por el motivo de que en esta forma de procedimiento falta, a su entender, toda huella de cognición, en cuanto el juez emite su orden de pago basándose en las simples afirmaciones del acreedor, sin comprobar, ni siquiera superficialmente, el fundamento de las mismas; le falta, además, a este procedimiento todo carácter contencioso, ya que la orden de pago se emite en la suposición de que el deudor no se oponga, pero, si la oposición oportuna del deudor demuestra que en torno a la pretensión del acreedor hay controversia, la orden de pago queda sin efecto y el procedimiento monitorio ha agotado su función. El procedimiento monitorio serviría, pues, únicamente para crear un título ejecutivo basado sobre el acuerdo entre acreedor y deudor; la orden de pago no tendría otro fundamento que la constatación (emitida en la hipótesis de que el deudor no haga ejecución) de la falta de controversia *(Unstreitigkeit)* en torno a la existencia del crédito. A este modo de considerar el procedimiento monitorio se aproxima mucho la concepción expresada recientemente, en sus *Lezioni,* tan sugestivas, por Carnelutti, el cual, partiendo de la premisa de que el fin esencial del proceso de cognición es la *justa composición de la litis,* y que, por consiguiente, no hay propiamente proceso (función jurisdiccional) sino cuando haya también *una litis*[38], considera como procesos impropios (en el sentido de que mediante ellos el juez ejercita, con formas procesales, una función sustancialmente no jurisdiccional) *los procesos sin litis*[39], entre los cuales tendría cabida, precisamente, el proceso monitorio, que Carnelutti mismo define como "un mecanismo muy útil para separar automáticamente de los procesos de condena, verdaderamente contenciosos, los procesos sin litis" [40].

16. *Refutación: carácter genuinamente jurisdiccional del procedimiento monitorio*

Contra esta opinión dominante entre los escritores austríacos, se encuentra la mayoría, y aun, podríamos decir, la totalidad de los procesalistas alemanes, los cuales, no obstante considerar el procedimiento monitorio como perteneciente a la ejecución [41], están, sin embargo, de acuerdo en reconocer su naturaleza jurisdiccional[42]. Los argumentos que se aducen en defensa de esta segunda opinión, que es, a mi entender, sin duda alguna, preferible, no tienen todos igual fuerza ni responden igualmente a los resultados últimos a los cuales ha llegado actualmente la ciencia procesal al definir la esencia

---

37 MENGER, *System d. österr. Civ. Proz.* (Wien, 1876); POLLAK, en *Grünhut's Zeits.* XX, pág. 742; en *Zeits. für deuts. Civilpr.* XIX, págs. 126 y sigs.; así como en *System,* t. II, pág. 666 (y los autores que allí se citan).

38 En cuanto al sentido en que CARNELUTTI usa esta expresión, cír. sus *Lezioni,* t. I, n. 44.

39 39 Cfr. especialmente *Lezioni,* t. II, págs. 182 y sigs. Cfr. además, sin embargo, t. IV, n. 4.

40 *Lezioni,* cits., t. II, pág. 193; Cfr. *ibidem,* págs. 241 y sigs.

41 Cír., por ejemplo, Plòsz, *Beiträge,* cit., pág. 147, nota 47.

42 Drechsel, *Ueber die Begriffe "Civilprocess" und "Recbtstreit", págs.* 419-424; GOLDENRING, *Das Mahnverfabren, pág.* 452; HELLWIG, *System,* t. II, pág. 70, nota 7 *a;* SCHMIDT, *Lehrbuch,* 1a ed., pág. 601, nota 1; WEISMANN, *Lehrbuch,* t. I, § 121, III. En este sentido, cfr. ahora, SEGNI, *L'opposizione,* cit., n. 10, pág. 368.

de la función jurisdiccional. Así Goldenring, partiendo de la concepción, hoy en día repudiada por la doctrina más reciente[43], de que el criterio de distinción entre jurisdicción contenciosa y jurisdicción voluntaria consiste en que la primera se dirige a reprimir la injusticia ya ocurrida, mientras la segunda trata de *prevenir* la injusticia futura (criterio que haría entrar en la jurisdicción contenciosa también la conciliación) demuestra fácilmente que el procedimiento monitorio no pertenece a la jurisdicción voluntaria, ya que la injusticia que el mismo trata de remover existe ya en el hecho de que el deudor no haya cumplido espontáneamente su obligación[44].

Pero la naturaleza genuinamente jurisdiccional del procedimiento monitorio aparece clara también si se acepta el concepto de Wach[45], que ve en la jurisdicción contenciosa la finalidad de *actuar* relaciones jurídicas ya existentes, mientras que la finalidad de la llamada jurisdicción voluntaria sería la de *constituir* estados jurídicos nuevos. Partiendo de esta premisa, es evidente que el proceso monitorio pertenece a la jurisdicción contenciosa (o sea, más simplemente, a la verdadera jurisdicción), porque el mismo no trata de constituir una nueva relación jurídica, sino que trata solamente, *lo mismo que el proceso ordinario de condena,* de actuar una relación de obligación ya existente; hay también en el proceso monitorio dos partes, una de las cuales pretende de la otra una prestación; hay también aquí, un derecho no satisfecho por la prestación voluntaria del obligado; hay, por consecuencia, una sustitución, al obligado que no cumple, del órgano jurisdiccional, el cual, mediante la orden de pago trata de producir el mismo efecto jurídico que el deudor habría debido determinar con la actividad propia. En todo esto la jurisdicción voluntaria no tiene nada que ver.

Se debe, por otra parte, poner de relieve que los argumentos sobre los cuales los mantenedores de la teoría que aquí refutamos basan sus tesis, no parecen muy exactos tampoco cuando los consideramos uno por uno. No es exacto, ante todo, afirmar que en el proceso monitorio falte absolutamente el estadio de cognición; acerca de este punto tendremos ocasión de detenernos en breve (n. 19) y sería inútil anticipar aquí lo que en el momento oportuno deberemos decir al respecto. Es inexacto, igualmente, afirmar que el proceso monitorio rechace todo carácter de contenciosidad; aun cuando fuese verdad, que no lo es[46], que la función jurisdiccional no se da sin contienda, sería, sin embargo, cierto que también como base del proceso monitorio está un conflicto de intereses no solamente potencial sino actual, entre acreedor y deudor, derivado del incumplimiento de su obligación por parte de éste (si tal conflicto no existiese, el acreedor no tendría interés en pedir la orden de pago); y la eficacia ejecutiva, que la orden de pago adquirirá con el transcurso del término sin oposición, no deriva ya de la constatación de un acuerdo celebrado entre las partes, sino del establecimiento de certeza, por preclusión

43 Cfr. Chiovenda, *Principii,* pág. 315 al final.

44 Trabajo citado, pág. 452.

45 *Handbuch,* t. I, págs. 47 y sigs.; cfr. Chiovenda, *Principii,* pág. 316.

46 Chiovenda, *Principii,* pág. 315.

[47], de los hechos afirmados por el actor, los cuales justifican la actuación de la ley (condena) contra el demandado.

Otro argumento no descuidable que Pollak[48] derivaba a favor de su tesis del § 16 de la ley de 27 de abril de 1873 (limitación de la fuerza ejecutiva de la orden de pago a seis meses a contar del día de la notificación al deudor) no tiene ya actualmente ningún valor, porque el § 16 ha sido abolido, como opuesto a la finalidad del procedimiento monitorio, por la Novela de 1° de junio de 1914[49].

17. *b) Opinión de Plòsz y de Skedl, que clasifican el procedimiento monitorio entre los procesos ejecutivos*

Admitido que el procedimiento monitorio, aun en su forma más simple (procedimiento monitorio *puro),* tenga carácter genuinamente jurisdiccional, queda ahora por decidir si el mismo es una forma especial de proceso de cognición o si se halla comprendido, por el contrario, en el procedimiento ejecutivo.

La naturaleza ejecutiva del procedimiento monitorio se derivaría, según Plòsz[50], principalmente, de su finalidad, a la cual corresponde, en la estructura procesal del instituto, el comportamiento de mera pasividad que observa el deudor, a semejanza de lo que típicamente ocurre en el proceso de ejecución[51]; la orden de pago debería considerarse ya como un inicio de ejecución, porque el juez, al emitirla, no trata de declarar (como haría en un verdadero proceso de cognición) si existe el derecho a realizar, sino que da como ya declarada su existencia y ordena, por eso, su realización forzada[52]; la eventual oposición del deudor a la orden de pago sería, por consiguiente, un caso de verdadera "oposición a la ejecución" (véase anteriormente, n. 2) limitada dentro de un especial término preclusivo, transcurrido el cual la orden de ejecución se convertiría en irrevocable, no porque el juez esté convencido de la existencia del crédito que el actor alega, sino porque el deudor ha decaído ya de su derecho a oponerse a la ejecución iniciada[53].

---

47 Cfr. Plòsz, *Beitrage,* cit., págs. 133-134.

48 *System,* t. II, pág. 666 cit.

49 Cfr. los motivos de esta abolición en HERMANN, *Die Gerichtsentlastungsnovelle* (Wien, 1914), pág. 88 en nota.

50 *Beiträge,* cit., págs. 134-148.

51 Id., págs. 143-144. Un cierto paralelismo entre el procedimiento monitorio y el proceso ejecutivo se pone de relieve también, aunque sin llegar a la conclusión explícita de que el procedimiento monitorio tenga naturaleza ejecutiva, por MORTARA, *Appendice,* cit., pág. 73.

52 Id., págs. 144-145.

53 Id., pág. 141. El mismo Plòsz reconoce, sin embargo (página 148), que estas consideraciones no se pueden aplicar enteramente a aquellas formas de procedimiento que nosotros llamamos aquí monitorio documental; las cuales deben ser consideradas, a su entender, como formas *mixtas,* que tienen carácter intermedio entre el proceso de cognición y el de ejecución.

A la tesis de Plòsz aporta una amplia contribución de argumentos de naturaleza predominantemente histórica Skedl[54], el cual, después de haber tratado de demostrar, mediante amplias investigaciones en la doctrina y en las legislaciones del período intermedio, que la naturaleza genuinamente ejecutiva del procedimiento monitorio ha sido desconocida por los escritores del derecho común debido a una errónea confusión entre el verdadero procedimiento monitorio *(mandatum sine clausula) y* el proceso documental *(mandatum cum clausula)*[55], sostiene que el error debe ser corregido hoy y que la orden de pago del moderno procedimiento monitorio debe ser asimilada a la orden de ejecutar la sentencia que en el derecho alemán constituía el primer acto del proceso ejecutivo. El acreedor que había obtenido a su favor una sentencia irrevocable de condena, no podía, a base de la misma, proceder sin más a la ejecución, sino que debía dirigir al juez una demanda de ejecución, en virtud de la cual el juez emitía una orden especial dirigida al deudor (*mandatum o praeceptum executionis; executoriale; Gebotsbriefi* de cumplir dentro de un cierto término la sentencia, bajo apercibimiento de proceder, a falta de ello, a la ejecución forzada[56]; a este *executoriale* del derecho común correspondería precisamente el *Zahlungsbefehl* del procedimiento monitorio, el cual podría, pues, ser definido, según Skedl, como la providencia del juez que inicia la ejecución sin previo estadio de cognición[57]. En correspondencia con tal definición, Skedl ve en aquel especial *Vollstreckungsbefehl* que en el complicado procedimiento monitorio del derecho alemán (Z. P. O., § 699) sirve para hacer constatar la falta de oposición del deudor y para hacer declarar la ejecutabilidad de la orden de pago (véase, anteriormente, n. 7), un ulterior desarrollo del proceso ejecutivo ya iniciado mediante el *Zahlungsbefehl*[58].

18. *Refutación: el procedimiento monitorio es una forma especial de proceso de cognición abreviado*

Sin profundizar en los argumentos de índole histórica aportados por Skedl, los cuales desviarían esta exposición de su propósito netamente dogmático[59] (tengo, sin embargo, la impresión de que acerca del origen y en cuanto al desarrollo histórico del proceso monitorio no se ha dicho todavía la última palabra), y sin tomar en consideración, como por fuerza deben hacer los procesalistas alemanes, las dificultades de construcción sistemática que derivan, en el derecho alemán actual, de la inútil complicación del

54 Das Mahnverfahren, *cit.*

55 *Ob. cit.*, cap. III, especialmente págs. 39-40.

56 Cfr., Wetzell, *System*, pág. 985; Renaud, *Lehrbuch*, páginas 466 y sigtes.

57 *Ob. cit.*, pág. 117 y nota 39; cfr. también pág. 2.

58 *Ob. cit.*, pág. 122.

59 Justamente advierte Chiovenda, a propósito de un instituto análogo (La *condanna con riserva*, cit., pág. 624), que en esta materia las citas históricas deben hacerse con gran discernimiento. Cfr., sin embargo, una exhaustiva refutación desde el punto de vista histórico-dogmático, de la tesis de Skedl, en Pollak, *Ueber die systematische Stellung des Mahnverfahrens*, págs. 126 y sigs. En este sentido también Weismann, *Lehrbuch*, I, § 121, III, y Schultzenstein, recensión de Skedl, en *Zeitschr. für d. d. civ. Pr. XVI*, págs. 560 y sigs.

procedimiento monitorio que es el *Vollstreckungsbefehl* del § 699 de la Z. P. O., pienso que la tesis antes expuesta de la naturaleza ejecutiva del procedimiento monitorio no podría ser sostenida, en modo alguno, en el derecho italiano, sin chocar irremediablemente con la disposición fundamental del artículo 553 del Código de procedimiento civil. Esta disposición, de la cual hemos partido en el presente estudio (véase, anteriormente, n. 1), establece, de modo claro —de un modo, podría decirse, plástico—, la señal divisoria entre el proceso de cognición y el proceso de ejecución. Si consideramos, como ya se ha hecho, el proceso de cognición en su función de *preparación del título ejecutivo* (véase, anteriormente, n. 2), el nacimiento del título ejecutivo se nos presenta como el evento característico que indica el punto de contacto, y, al mismo tiempo, de separación entre las dos fases del proceso; toda aquella porción del procedimiento que está más acá del título ejecutivo, del cual constituye preparación y perfeccionamiento, es cognición; toda aquella porción que está más allá del título ejecutivo, del cual constituye desarrollo y consecuencia, es ejecución.

Si esto es exacto, la naturaleza del procedimiento monitorio, que tiene la finalidad "de proveer un título ejecutivo rápido y poco dispendioso"[60], queda por sí misma claramente definida; el mismo no sirve para hacer valer contra el deudor un título ejecutivo ya existente, pero sirve para crear de un modo rápido y económico, contra el deudor, un título ejecutivo que no existe todavía[61]; por consiguiente, es un procedimiento de cognición, no de ejecución. El procedimiento monitorio, con las limitaciones por razón de la cuantía que resultan de la *Propuesta* Chiovenda (arts. 197-204)[62], no trata de dar al acreedor una cosa diversa y más eficaz de la que también el proceso de cognición ordinario podría darle, sino que trata de alcanzar el mismo resultado con menor gasto de tiempo y de dinero: el mismo llega más pronto, pero se detiene, en relación a la ejecución, en el mismo punto en que se detiene el proceso de cognición ordinario. El acreedor, mediante el proceso monitorio, consigue obtener con celeridad aquel título ejecutivo que la cognición ordinaria le proporcionaría solamente después de mucha dilación; pero, una vez que haya conseguido obtener rápidamente en el proceso monitorio el título para pasar a la ejecución, se encuentra, frente a la ejecución, en la misma condición, en que se encontraría si su crédito hubiera sido declarado por una sentencia de condena. La orden de pago, la "inyunción" del R. D. de 24 de julio de 1922, no es, frente a la ejecución, un paso más adelante de lo que pueda serlo la sentencia de condena; la misma sirve de fundamento a la ejecución, es el medio, del que hasta ahora el acreedor se encontraba desprovisto, para abrir la ejecución; es, en suma, título ejecutivo[63], pero no es todavía inicio de ejecución. Decir que la inyunción forma ya parte de la ejecución es como decir que ya ha entrado en la casa aquel que va todavía en busca de la llave para abrir la puerta.

60 *Relación* MORTARA al proyecto de 16 de julio de 1919 cit., pág. 2.

61 Cfr. POLLAK, *Ueber system. Stellung* etc. cit., pág. 131.

62 Rassegna, *cit., n. 6*

63 Cfr. MORTARA, *Commentario,* t. V, pág. 29; DE PALO, *Titolo esecutivo,* pág. 204; CHIOVENDA, *Principii,* pág. 248.

Verdad es que también en Italia la doctrina, en aquellas pocas referencias que la misma, antes de Chiovenda, ha dedicado al procedimiento monitorio, ha tratado del mismo incidentalmente en materia de ejecución[64], y que en el *Proyecto* Orlando el procedimiento de inyunción estaba regulado bajo el título II, *Disposiciones sobre la ejecución forzada,* pero esto deriva del hecho de que la utilidad práctica del proceso monitorio se pone de relieve precisamente, como sabemos, en relación a la ejecución, sin que por esto haya de cesar su carácter de proceso de cognición abreviado (cfr. n. 2, al final)[65]. Este carácter, por lo demás, es confirmado, aun cuando haya necesidad todavía de otras pruebas, por las mismas disposiciones de nuestro derecho positivo, las cuales asimilan la inyunción, hecha ejecutiva por falta de oposición dentro de término, a una sentencia expedida en forma ejecutiva (Cód. proc. civ., art. 379; R. D. de 24 de julio de 1922, arts. 6 y 12) y repetidamente ponen de manifiesto, de un modo indirecto pero elocuente, que el legislador ha considerado la ejecución forzada como una fase procesal que se inicia no *con el* procedimiento monitorio, sino *después del* procedimiento monitorio, cuando el mismo ha alcanzado ya su finalidad en la creación de un título ejecutivo (cfr., por ejemplo, los arts. 6 y 10 del R. D. de 24 de julio de 1922) ([66]). No sería serio derivar la naturaleza ejecutiva del procedimiento monitorio de aquellas disposiciones que eliminan, cuando se procede a la ejecución mobiliaria a base de inyunción, la formalidad de la notificación del precepto (texto unificado de 14 de abril de 1910, art. 5; R. D. de 24 de julio de 1922, art. 6) y atribuyen así a la inyunción aquella función de preaviso que el precepto tiene normalmente en la ejecución forzada; quien discurriera así olvidaría, por no decir otra cosa[67], que hay ya en nuestro derecho casos (art. 565 del Cód. proc. civ.), en que la formalidad del *precepto*[68*] puede dejarse de lado

---

64 MORTARA, *Commentario,* t. V, ns. 13-14; DE PALO, *Titolo esecutivo,* págs. 32-33. MORTARA, ahora, en la 4a ed. del *Commentario,* vol. V, n. 558, define el procedimiento monitorio como un "procedimiento de *cognición abreviado* o sumarísimo".

65 En las propuestas de reforma *Per il nuovo Codice della procedura civile,* publicadas por MORTARA, en *Giur. it.,* 1923, IV, págs. 136 y sigs. y después en un volumen, el procedimiento de inyunción se encuentra, en cambio, comprendido en el libro I *(El procedimiento en primer grado de cognición)* bajo el tít. VII "El procedimiento abreviado o sea por inyunción", en correspondencia con su naturaleza de "procedimiento acelerado, que integra el ordinario, para suplir a todas las exigencias de la rapidez y de la urgencia" (íd., pág. 158 y pág. 191); así en el *Proyecto* CARNELUTTI los arts. 309-323 sobre "condena por decreto" se incluyen en el libro II dedicado al procedimiento de cognición.

66 Cfr. también el art. 2 del texto unificado de 14 de abril de 1910 y las observaciones sobre el mismo en mi citada *Rassegna,* n. 10. También en la legislación alemana la orden de pago contiene la invitación al deudor de pagar dentro del término "para evitar la ejecución" *(bei Vermeidung sofortiger Zwangsvollstreckung),* lo que significa, pues, que el procedimiento monitorio no es todavía inicio de ejecución.

67 Acerca de este punto, ampliamente, mi citada *Rassegna,* n. 9.

68 Resolución que recae en el proceso de ejecución. Transcribo a continuación los artículos del antiguo y del nuevo Código de procedimiento civil italianos de los que resulta su definición.

Código antiguo. Art. 562. La ejecución forzada debe ser precedida de la notificación al deudor del título ejecutivo y del *precepto,* en las formas establecidas por el artículo 368.

Art. 563. El *precepto* debe contener: 1°, la intimación al deudor según las normas establecidas

también cuando se procede ejecutivamente a base de sentencia; a nadie se le ha ocurrido sostener en estos casos, en que la sentencia tiene *también* la función del precepto, que se pueda considerar como procedimiento ejecutivo aquel proceso de cognición en que la misma ha sido pronunciada[69].

19. *El procedimiento monitorio constituye un caso de declaración de certeza mediante preclusión*

Creemos, pues, que el procedimiento monitorio se debe considerar como una *forma especial de proceso de cognición abreviado*[70].

Pero aquí es necesario prever una objeción, ya incidentalmente señalada (en el n. 16), que se presenta como natural contra semejante definición: ¿cómo es posible considerar el proceso monitorio como una forma (aun cuando sea abreviada y simplificada) de proceso *de cognición,* si el carácter típico de este instituto respecto del cual ya en el derecho común se hablaba de *"praeceptum executivum sine causae cognitione"*) es la falta de toda cognición sobre el fundamento de la demanda?[71]

---

en los títulos siguientes; 2°...

Art. 565. No es necesario el *precepto* para la ejecución de una sentencia, cuando se proceda dentro de los ciento ochenta días siguientes a la notificación de la misma, si la sentencia condena a entregar cosas muebles o a dejar libres inmuebles...

Art. 566. El *Precepto* pierde su eficacia transcurridos ciento ochenta días sin que se haya procedido a los actos de ejecución.

Código nuevo. Art. 479. *Notificación del título ejecutivo y del precepto.* Si la ley no dispone otra cosa, la ejecución forzada debe ser precedida por la notificación del título en forma ejecutiva y del precepto... El precepto puede ser redactado a continuación del título ejecutivo y ser notificado junto con éste, siempre que la notificación se haga a la parte personalmente.

Art. 480. El precepto consiste en la intimación de cumplir la obligación resultante del título ejecutivo dentro de un término no menor de diez días, salvo la autorización a que se refiere el artículo 182, con la advertencia de que, en su defecto, se procederá a la ejecución forzada.

Art. 481. El precepto pierde su eficacia si dentro del término de noventa días a contar de su notificación no es iniciada la ejecución.

Art. 482. No se puede iniciar la ejecución forzada antes de que haya transcurrido el termino indicado en el precepto y, en todo caso, nunca antes de que hayan transcurrido diez días a contar de la notificación del mismo...

69 Otro argumento contra la pretendida naturaleza ejecutiva del procedimiento monitorio se puede derivar de una observación, que ya hemos tenido ocasión de hacer (anteriormente, n. 5): que, en teoría, nada impediría utilizar el procedimiento monitorio también para las acciones constitutivas y para las de declaración de mera certeza, esto es, para obtener providencias que no son susceptibles de ejecución.

70 DRECHSEL, *Uber den Begrijf des ausserordentlichen Verfahrens,* pág. 208, llama al procedimiento monitorio *"eine ausserordentlicbe Prozessart des Erkenntnisverfahrens"*; HELLWIG, en *System,* t. II, titula el libro (VI. *Buch)* en que trata también del procedimiento monitorio *"Die besonderen Prozessarten (im Entscheidungsverfahren)"*. Conforme, ahora, SEGNI, *L'opposizione,* cit., n. 10, pág. 368; CRISTOFOLINI, en nota a sentencia del Tribunal de Padua, de 27 de octubre, 1923, en *Riv. dir. proc.,* año I, parte II, pág. 70.

71 También WACH, que considera el procedimiento monitorio como un proceso sumario *determinado,* parece que se incline, por esta falta aparente de cognición, a reconocerle naturaleza ejecutiva; enseña, en efecto, que este procedimiento "tiende no a la decisión a

Contra esta objeción no valdría replicar que el procedimiento, que se ha iniciado *sine causae cognitione* en virtud de demanda del acreedor, puede dar lugar, siempre a un proceso ordinario de cognición en virtud de la oposición del deudor; ya que de esta posterior *y* eventual inserción de una verdadera *y* propia fase de cognición en el proceso monitorio no derivaría la necesidad lógica de reconocer al procedimiento monitorio el carácter de proceso de cognición desde su inicio, de la misma manera que no pierde su carácter inicial el proceso ejecutivo común sólo porque también en el curso del mismo pueda incrustarse, en virtud de la oposición del deudor contra la ejecución, un verdadero *y* propio juicio de cognición. Dejando, pues, de lado el caso, posible pero no esencial en todo proceso monitorio, de que el deudor se valga de su derecho de provocar el contradictorio, y con ello la cognición completa, debemos preguntarnos aquí si, en todos los otros casos en que, a falta de oposición por parte del deudor, el procedimiento monitorio viene verdaderamente a dar vida a un título ejecutivo sin previo contradictorio, se puede decir que en esta forma de procedimiento falte absolutamente todo estadio de cognición.

Nadie puede poner en duda que una verdadera *y* propia cognición (aun cuando sea parcial) del mérito se encuentre, *desde el momento en que se emite la inyunción,* en el procedimiento monitorio documental, bastando para ello recordar que en esta forma de procedimiento el juez no puede pronunciar la orden de pago si no está convencido, a base de pruebas escritas, de la verdad de los hechos constitutivos de la acción (R. D. de 24 de julio de 1922, arts. 1 y 2)[72]. Pero también en el procedimiento puro, en el que falta toda huella de cognición *del mérito* en el momento en que se libra la inyunción (el juez, antes de librarla, se limita a examinar si existen en concreto las condiciones *formales* para la emanación de la providencia exigida), la cuestión debe plantearse bajo otro aspecto; esto es, no se debe preguntar si la falta de toda cognición del mérito se verifica en el momento en que la orden de pago es emitida, sino, en todo caso, si la misma existe todavía *en el momento en que esta orden, por el transcurso del término sin oposición, se convierte en ejecutiva*[73]. En este segundo momento, la orden de pago no se basa ya solamente, como en el momento, en que ha sido librada, sobre la simple declaración unilateral del acreedor, sino que se basa, además y sobre todo, *sobre la falta de contradicción por parte del deudor,* y es, precisamente, la inercia del deudor combinada con la actividad del acreedor, el silencio de aquél frente a la afirmación de éste, lo que constituye la base lógica y jurídica de la declaración de certeza contenida en la inyunción.

El mecanismo del procedimiento monitorio no se puede entender claramente sino poniéndolo en relación con el *principio dispositivo,* del cual son manifestaciones y consecuencias aquellas normas procesales, diversas según las legislaciones pero que se pueden reducir todas a una idea madre común, que atribuyen al

base de cognición judicial, sino a la ejecución sin decisión, a base de preclusión... Es, pues, un procedimiento *ejecutivo,* una utilización de las formas de ejecución para la satisfacción de una pretensión todavía no ejecutable, y en este sentido, no en el sentido de *summaria cognitio,* un procedimiento sumario".

72 Cfr. en cuanto al *Mandatsverfahren,* POLLAK, *System,* t. II, pág. 666.

73 Cfr. parte cuarta, n. 4 al final.

silencio y a la inercia de una parte el efecto de hacer considerar como verdaderos los hechos afirmados por la parte contraria. La simple afirmación de la verdad de un hecho proveniente de una de las partes en causa, no basta, si la afirmación no está apoyada por pruebas, para dar al juez la certeza de que este hecho es verdadero; pero si, frente a tal afirmación, la parte contraria, que tendría interés en negar la existencia de hechos desfavorables a ella, no se vale de su derecho de contradecir y no hace surgir así la necesidad de una investigación probatoria destinada a aclarar, en la oposición, de qué lado está la verdad, entonces, en muchos casos, el Estado considera, sin más, como comprobados los hechos no contradichos, no ya porque la simple afirmación unilateral sea de por sí motivo suficiente de certeza, sino porque es argumento indirecto de certeza (o, si se prefiere decir así, argumento para no indagar si los hechos son verdaderos o no) la *falta de reacción* contra la afirmación[74].

En todos estos casos, si el adversario de aquel que afirma la verdad de los hechos no se vale, dentro del término establecido por la ley, de su derecho a contradecir, se verifica, a su cargo, una preclusión a consecuencia de la cual los hechos se tienen por admitidos; con esto no se afirma que el demandado tenga, frente a las afirmaciones del actor, un *deber de responder,* un *deber de hacer declaraciones (Erklärungspflicht)* como algún jurista alemán ha creído natural sostener; se dice solamente que el demandado (y lo mismo podría aplicarse en cuanto al actor frente a los hechos afirmados por el demandado al replicar), al no valerse a tiempo de su derecho de contradecir, sufre las consecuencias de su inactividad[75].

De una declaración semejante de certeza de los hechos, obtenida indirectamente en virtud de falta de oportuna contradicción, se tiene algún ejemplo también en nuestro derecho: basta citar la *ficta confessio* del artículo 218 del Código de procedimiento civil[76]. Pero el mismo principio tiene aplicaciones mucho más vastas en aquellas legislaciones en las cuales está en vigor la regla de que la contumacia del demandado importa admisión de los hechos deducidos por el actor[77], o que, también en el proceso contradictorio, los hechos afirmados por una parte se tienen por admitidos si no son expresamente negados por la parte contraria[78].

Pues bien, yo entiendo que el procedimiento monitorio se puede considerar

---

74 BÜLOW, *Civilprozessualische Fiktionen und Wahreiten* en *Arch. für civ. Pr.* LXII, págs. 1 y sigs., especialmente págs. 27-34 *(Die Fiktion des gerichtlichen Geständniss)',* y, con diversa fundamentación teórica, *Das Geständnissrecht* (Freiburg, 1899), págs. 223 y sigs., donde expresamente aproxima los efectos del procedimiento monitorio a los de la confesión (pág. 232). Cfr. KOHLER, *Zivilprozess-und Konkursrecht* (en *Enz. d. Rechtswiss, 7a* ed. vol. III), pág. 301, que habla en este caso de un *principio de la congruencia o de la coincidencia de las declaraciones,* según el cual "las deducciones de hecho de una parte deben siempre recibir respuesta de la otra parte, ya que de otra manera el ataque queda sin defensa y los hechos se consideran como constatados frente al adversario".

75 Cfr. Schmidt, *lehrbuch* 1a ed., § 79, II.

76 Cfr. CHIOVENDA, *Principii,* págs. 749-750.

77 Cfr. CHIOVENDA, pág. 758.

78 Cfr. Z. P. O. alemana, § 138, y acerca del mismo STEIN, *Grundriss,* § 12, III (pág. 31); cfr. Z. P. O. austríaca, § 267.

como una aplicación más completa y más perfecta de este mismo principio, ya que su estructura procesal está dispuesta de modo que se obtenga el máximo rendimiento del sistema de la declaración indirecta de certeza de los hechos en fuerza de falta de contradicción; sistema del cual sólo se encuentra alguna manifestación esporádica en el proceso ordinario. Lo que en el proceso ordinario de cognición es la excepción, se convierte en la regla general en el procedimiento monitorio, el cual está construido no sólo de modo que favorece, sino, en absoluto, de modo que provoca la inercia del demandado y la consiguiente preclusión con efectos formalmente probatorio[79]; por lo que pueden resultar apropiadas al procedimiento monitorio las palabras que Bülow[80] emplea para explicar el fundamento de la llamada *ficta confessio:* "Aquí, en el lugar del requisito de la bilateralidad, se coloca la posibilidad de llegar a la meta del proceso mediante una actividad unilateral; en el lugar de un principio de cooperación y de un *deber de cooperación,* se coloca un principio de defensa y un *derecho de defensa*".

Si admitimos la exactitud de todo esto, me parece claro que también el proceso monitorio puro se dirige no solamente a preparar un título ejecutivo sino además a dar vida a una verdadera y propia declaración jurisdiccional de certeza ([81]); en el momento en que el juez, a base de la simple petición del acreedor, libra la orden de pago que, transcurrido el término, se convertirá en un título ejecutivo, no libra esta orden porque crea en la verdad de los hechos afirmados por el peticionario, sino porque presupone que el deudor no contradirá dentro del término de ley estas afirmaciones, las cuales adquirirán así, en virtud de la preclusión, la fuerza probatoria que por sí mismas no tienen. La orden de pago que el juez emite tiene, como sabemos, carácter condicionado e hipotético: el mismo no se basa sobre la prueba proporcionada por el acreedor en el momento en que pide la inyunción (prueba que puede también faltar del todo, como ocurre en el procedimiento monitorio puro), sino sobre la preclusión (que podrá verificarse más tarde, pero que el juez presupone como ya verificada) consistente en la falta de contradicción en tiempo a las afirmaciones del acreedor; y puesto que en el momento en que la orden de pago adquiere eficacia ejecutiva por el transcurso del término sin oposición, tal preclusión no está ya solamente presupuesta, sino que está verificada, la orden de pago contiene una verdadera y propia declaración de certeza, no diversa de aquella sobre la cual se basa en la legislación alemana la sentencia que considera verdaderos, en contumacia del demandado, los hechos afirmados por el actor[82], y en nuestro derecho la sentencia que considera verdaderos los hechos deducidos en el interrogatorio por falta de comparecencia del interrogando.

De lo que hemos dicho hasta ahora me parece que se puede derivar que el procedimiento monitorio entra, también cuando el deudor no hace oposición, entre los verdaderos y propios procesos de cognición; no ya en el sentido de que el juez se convenza de la existencia del crédito a través de la libre valoración

79 Eficazmente dice SCHMIDT, *Lehrbuch,* § 93, que en el procedimiento monitorio el acreedor especula anticipadamente sobre la inactividad del deudor.

80 *Civilpr. Fik.,* cit., pág. 34.

81 Cfr., acerca de este punto, mi citada *Rassegna,* n. 1; Chiovenda, *Principii,* pág. 212; SCHMIDT, pág. 608, nota 2; KOHLER, *Zi vilpr.,* pág. 393.

82 DRECHSEL, trabajo cit., pág 420.

del material probatorio sometido a su examen, sino en el sentido de que el juez, en el momento en que libra la orden pago, supone anticipadamente como ya verificada aquella preclusión del derecho de contradecir, que la ley considera como medio formal indirecto para fijar la verdad de los hechos no contradichos; es sabido, en efecto, que juicio de cognición, en la terminología procesal común, no es solamente aquel en que el juez decide a base de su libre convencimiento (cognición en sentido propio), sino también aquel en que a la declaración de certeza se llegue a través de pruebas legales o a través de preclusiones, como sería la *ficta confessio.*

Una verdadera y propia cognición también en el primer sentido se tiene, pues, en forma bien evidente, en el procedimiento monitorio documental, cuando la declaración de certeza contenida en la inyunción se basa no sobre el elemento negativo de la falta de contradicción por parte del demandado, sino, además, sobre el elemento positivo de la prueba escrita proporcionada por el actor; aquí no opera tanto el principio de preclusión, cuanto el principio fundamental de la distribución de la carga de la prueba; de manera que se comprende la razón de que, mientras en el procedimiento monitorio puro la simple oposición del deudor basta para impedir que se opere la preclusión y, por consiguiente, para quitar toda eficacia a la inyunción, en el procedimiento monitorio documental la eficacia de la inyunción, basada desde el inicio sobre la prueba dada por el actor, no puede desaparecer mientras en el juicio de oposición el demandado no haya, a su vez, dado la prueba de sus excepciones. La preclusión que se opera en los dos tipos de procedimiento monitorio tiene, pues, contenido algo diverso: en el procedimiento monitorio puro los hechos afirmados por el actor se tienen como verdaderos simplemente porque el demandado no se ha valido oportunamente de su derecho de contradecirlo; en el proceso monitorio documental, los hechos afirmados por el actor se tienen como verdaderos porque el demandado no ha declarado oportunamente que quiera proporcionar al juez pruebas idóneas para demostrar la inexistencia del derecho respecto del cual el actor ha probado ya por su parte los hechos constitutivos ([83]).

20. *Proceso monitorio y contumacia*

Las consideraciones desarrolladas hasta ahora nos demuestran que el procedimiento monitorio tiene muchísimos puntos de contacto, y hasta, en absoluto, de identidad, con el proceso contumacial.

La aproximación entre estos dos institutos no es solamente doctrinal, sino también practica; siempre que se ha hablado, en estos últimos años, de las ventajas prácticas que habría producido el introducir también en Italia el procedimiento monitorio, se ha recordado, como la primera de ellas, la automática eliminación del contradictorio en todos aquellos casos que en el procedimiento ordinario darían probablemente lugar a sentencias contumaciales[84]; de suerte que el

83 Cfr. MORTARA, *Appendice,* cit., pág. 94: "El reconocimiento ya hecho por el juez *inaudita parte* del buen fundamento de la pretensión expuesta en el recurso, obtiene confirmación implícita por el silencio del obligado, el cual fue requerido para manifestar dentro de un término la voluntad de oponerse".

84 Cfr. *Relación* al *Proyecto* ORLANDO de 24 de mayo de 1909, pág. 13; *Relación* al *Proyecto* MORTARA, de 16 de junio de 1919, pág. 2 ("el considerable porcentaje de condenas al pago

procedimiento monitorio se podría considerar, desde el punto de vista de la política judicial, como un medio económico para ahorrar el inútil dispendio de solemnidades formales que en el procedimiento ordinario puede derivar de la contumacia del demandado.

Pero el proceso monitorio no es solamente, bajo el aspecto político, un medio para reducir al mínimo en los procesos ordinarios el fenómeno de la contumacia; el mismo es también, bajo el aspecto jurídico, una forma procesal que tiene grandísima semejanza de estructura con el proceso contumacial, como aparece del hecho de que, independientemente de las aproximaciones llevadas a cabo por la doctrina[85], las mismas legislaciones se refieren expresamente, en cuanto al procedimiento monitorio, a disposiciones relativas al proceso contumacial[86].

Para sentirse naturalmente inducidos a aproximar entre sí el proceso contumacial y el proceso monitorio, basta considerar el carácter más destacado de su estructura, que consiste en ambos en la falta del contradictorio. Puede parecer, sin embargo, para quien se detenga empíricamente en las formas exteriores de estos dos procedimientos, que las mismas difieran por la diversa colocación del pronunciamiento del juez en relación al momento en que se verifica la falta del contradictorio: mientras en el proceso contumacial la decisión es una consecuencia de la falta ya constatada de contradictorio (contumacia), en el procedimiento monitorio el pronunciamiento del juez (inyunción) precede a la realización efectiva de tal falta que es, en lugar de constatada, simplemente posible. Pero esta diferencia es más formal que sustancial; ya que en el proceso monitorio la inyunción, aun cuando aparentemente preceda a la constatación de la falta de contradictorio, en realidad se emite *en la presuposición* de que el demandado no haga oposición, o sea en la presuposición de que el procedimiento se agote sin dar lugar a contradictorio. Por tanto, si bien en el momento en que el juez emite la orden de pago, es todavía incierto si la oposición oportuna del demandado quitará al procedimiento aquel carácter de unilateralidad con que el mismo se, ha iniciado, en cambio, la falta de certeza no existe ya (salvo el caso de la oposición contumacial) en el momento en que la orden de pago se convierte, en virtud del transcurso del término, en ejecutiva; en el proceso contumacial la sentencia se pronuncia cuando la contumacia ya es segura; en el proceso monitorio la inyunción, pronunciada anticipadamente, no adquiere fuerza

---

pronunciadas en contumacia pone de manifiesto la utilidad de la nueva forma procesal); *Relación* al *Proyecto* de 25 de marzo de 1922 del ministro Rossi, pág. 3 (El instituto "produciría una notable disminución de trabajo especialmente para los tribunales, porque vendría a ser eliminada buena parte de los juicios que ahora se desarrollan en contumacia"); *Relación* MUDA, de 5 de mayo de 1922 (sesiones de 1922, doc. 1441, A) pág. 2, etc.

85 Un paralelo interesante entre el proceso contumacial y el procedimiento monitorio se encuentra en DRECHSEL, trabajo cit., págs. 413- 429; cfr. también GOLDENRING, trabajo cit., págs. 455, 456, 472; SCHMIDT, *Lehrbuch*, § 95, I (págs. 600-601); GAUPP-STEIN, *Komm.* (1a ed.), § 688, *Vorbem.* I. Cfr. también MORTARA, *Appendice*, cit., pág. 94.

86 El § 700 Z. P. O. alemana establece que "la orden de ejecución equivale a una sentencia definitiva contumacial declarada provisoriamente ejecutiva"; la orden de ejecución es impugnable mediante el mismo remedio *(Einspruch)* con que en general son impugnables las sentencias contumaciales (§ 700; cfr. §§ 338 y sigs.). También en nuestro decreto de 24 de julio de 1922 la oposición fuera de término (art. 11) tiene muchos puntos de contacto con la oposición contumacial.

ejecutiva sino cuando es ya segura la falta de oposición por parte del deudor[87].

Esta aproximación entre procedimiento monitorio y procedimiento contumacial, fundamentalmente exacta[88], encuentra, pues, mayor o menor coincidencia de detalles según que se trate de procedimiento monitorio puro o de procedimiento monitorio documental, y según la diversa estructura que el procedimiento contumacial asume en las diversas legislaciones. El procedimiento monitorio puro, del cual tenemos en nuestro derecho un ejemplo conspicuo en el ordenamiento de Libia, corresponde al sistema adoptado para el proceso contumacial por las legislaciones procesales austríaca y alemana; así como en estas legislaciones la contumacia del demandado hace considerar como admitidos, sin necesidad de prueba, los hechos simplemente afirmados por el actor, así también en el proceso monitorio puro la falta de oposición en tiempo del deudor hace considerar como admitidos los hechos simplemente afirmados, pero no probados, por el acreedor. En cambio, el procedimiento monitorio documental, del que tenemos también ahora una aplicación en el R. D. de 24 de julio de 1922, corresponde a las reglas que, en materia de efectos de la contumacia del demandado,

están vigentes en el derecho francés y en el italiano; de la misma manera que en el proceso contumacial italiano y francés la contumacia del demandado no dispensa al actor de probar los hechos constitutivos de su derecho[89], así en el proceso monitorio documental la inyunción no puede ser emanada, aunque exista la presunción de que el deudor no haga oposición, si el acreedor no da la prueba (y aquí, desde luego, debe tratarse de una prueba escrita) de los hechos constitutivos de su crédito.

21. *Carácter condicional de la orden de pago*

Prescindiendo de las diferencias formales de detalle, que podrán ser puestas en claro en una ulterior exposición exegética, lo cierto es, pues, que las afinidades entre el procedimiento monitorio y el procedimiento contumacial son más profundas y más sustanciales de lo que podría parecer a primera vista: el procedimiento monitorio, en efecto, se podría considerar, bajo ciertos puntos de vista, como un medio preordenado a *provocar la contumacia* del deudor, al objeto de permitir la rápida declaración de certeza mediante preclusión, que es el efecto, en medida diversa según las varias legislaciones, de la contumacia misma. Esta íntima afinidad entre el procedimiento monitorio y el procedimiento contumacial está basada, sobre todo, en el carácter condicional que tiene en el

87 Según MENGER, *System*, t. I, págs. 284 y sigs., todos aquellos casos en los que el juez llega a constatar circunstancias de hecho (relativas a la relación sustancial o a la relación procesal) por la simple afirmación de una parte no contradicha por el adversario, se pueden agrupar bajo el concepto de *contumacia anticipada (das anticipative Contumacialsystem* en contraposición al *declarativen Contumacials.,* que admite la contumacia sólo cuando la misma está ya probada).

88 Cfr., ahora, MORTARA, *Comm.*, 4ª ed., vol. V, n. 566, pág. 572, el cual autorizadamente enseña; "La verdadera figura del procedimiento de inyunción, a mi entender, es la de un proceso en contumacia de estructura especial, garantizado por el remedio de la oposición. La contumacia, por decirlo así, se presupone".

89 Cfr. Chiovenda, *Principii*, pág. 758.

proceso monitorio la orden de pago durante el término para la oposición: la inyunción, como expresamente reconocen aquellas legislaciones que la designan como *"ein bedingter Zahlungsbefehl"* (Z. P. O. alemana, § 688; ley austríaca de 27 de abril de 1873, § 1), se pronuncia bajo la condición (suspensiva negativa: *nisi se opponat,* como se decía en el derecho común [[90]] de que el deudor no haga oposición dentro de término; de suerte que podemos decir que la inyunción, emitida bajo la condición de que no se verifique dentro de término la oposición del demandado, *tiene, en el momento en que es emitida, la naturaleza de una sentencia contumacial suspensivamente condicionada*[91], en el sentido de que la eficacia ejecutiva de la inyunción queda suspendida mientras no sea cierto que con la expiración del término se ha verificado la condición de la falta de oposición en tiempo por parte del deudor.

Acerca de la naturaleza condicional de la inyunción me parece, pues, que no puede surgir duda alguna[92]; no creo tampoco que los argumentos aducidos en contrario por Kohler[93], derivados del hecho de que en el proceso alemán el *Zahlungsbefehl* no adquiere eficacia ejecutiva sin un nuevo pronunciamiento del juez (*Vollstreckungsbefehl*), puedan tener aplicación alguna en nuestro derecho, en el que la orden de pago adquiere plena eficacia ejecutiva por la sola verificación de la condición (R. D. de 24 de julio de 1922, art. 6). Observo solamente que, en relación a la naturaleza condicional de la inyunción, el efecto de la oposición interpuesta dentro de término por el deudor es diverso según se trate de procedimiento monitorio puro o de procedimiento monitorio documental; en el primer caso, por el solo hecho de la oposición interpuesta dentro de término, la condición *ha faltado* sin más, y la inyunción pierde ya para siempre la posibilidad de llegar a ser ejecutiva; en el segundo caso, puesto que la oposición interpuesta dentro de término no quita a la inyunción la posibilidad de llegar después a ser ejecutiva, sino que tiene simplemente el efecto de postergar, hasta el pronunciamiento de la sentencia que decidirá sobre la oposición, el estado de pendencia de la condición[94], ésta no puede decirse que haya faltado mientras la oposición interpuesta dentro de término no haya sido rechazada por el juez. En el procedimiento monitorio puro, la inyunción es emitida, pues, bajo la condición de "si el deudor no hace oposición dentro de término"; en el procedimiento documental, la inyunción es emitida bajo la condición alternativa de "si el deudor no hace oposición dentro de término o si, en el caso de que haga oposición dentro de término, el juez no la acepta"[95].

---

90 CHIOVENDA, *Principii,* pág. 211 nota 1.

91 Cfr. la nota 96.

92 Cfr. VASSALLI, *La sentenza condizionale,* n. 29 (págs. 76-77). SEGNI, *L'opposizione,* cit., n. 16, let. b.

93 Prozessrechtliche Forschungen, *pág. 131.*

94 Cfr. el art. 12 del R. D. de 24 de julio de 1922, según el cual la oposición (interpuesta dentro de término) "suspende la eficacia ejecutiva de la inyunción"; con mayor exactitud se habría debido decir que esta oposición "prolonga hasta el resultado del juicio sobre la oposición la suspensión de la eficacia ejecutiva de la inyunción".

95 El R. D. de 24 de julio de 1922, art. 11, admite también una oposición fuera de término contra la inyunción que ha adquirido ya eficacia ejecutiva como consecuencia de la falta de oposición en término. Interpuesta tal oposición, la inyunción viene a quedar sometida

22. *c) El Procedimiento monitorio ¿sería el medio para hacer valer una acción sumaria especial? Opinión de Chiovenda: refutación*

De todo lo que hemos ido diciendo en el curso de estas investigaciones, resulta, pues, que el procedimiento monitorio es un tipo especial de procedimiento que, con formas simplificadas y abreviadas, se dirige a alcanzar la misma finalidad que el proceso ordinario de condena (declaración de certeza y simultánea creación de un título ejecutivo). Pero aquí se presenta, para completar el perfil general de este procedimiento, una última cuestión: el carácter distintivo del procedimiento monitorio, si se compara con el proceso ordinario de cognición, ¿consiste solamente en una mayor simplicidad *de formas o* consiste, además, en algo más profundo, esto es, en una diversidad concerniente, más que a las solas formas procesales, a la naturaleza de la acción que mediante esas formas se hace valer? O sea, en otras palabras, este procedimiento monitorio que la doctrina más antigua clasificaba entre los procedimientos sumarios *determinados* (con reducción de cognición; en contraposición al proceso sumario *indeterminado*, con simplificación de formas)[96], ¿es únicamente un medio formal más simple para hacer valer la acción ordinaria de condena, o es, por el contrario, la expresión exterior de una acción especial diversa de la ordinaria, que puede denominarse acción *sumaria*?

La cuestión ha sido muy debatida, no tanto en relación al procedimiento monitorio cuanto, más que nada, en relación al procedimiento documental *(Urkundenprozess)* de la doctrina alemana; y mientras hace algunos decenios la mayoría de los escritores se inclinaba a ver en estos procedimientos especiales el instrumento formal de una categoría especial de acciones *(summarischer Urteilsanspruch, besonderes summarisches Klagerecht*[97], hoy en día parece predominar entre los escritores más recientes la opinión de que estos procedimientos constituyen solamente un medio para hacer valer en forma más simple y más rápida las acciones de condena ordinarias[98].

Entre nosotros la cuestión ha sido tratada solamente, con su acostumbrada y clara originalidad, por Chiovenda, el cual, como ya se indicó (en el n. 7 al final) incluye la acción que se hace valer mediante el proceso monitorio entre las acciones llamadas *sumarias,* que se dirigen a una "declaración de certeza con predominante función ejecutiva"[99]; examinaremos brevemente las razones sobre las cuales el ilustre procesalista basa esta opinión.

---

a condición resolutoria ("si la oposición es acogida") como si se tratase de una sentencia contumacial *declarada provisoriamente ejecutiva* (cfr. Z. P. O. al emana, § 700; y MONTARA, *Appendice* cit., pág. 94).

96 Cfr. CHIOVENDA, *Principii*, pág. 5; WACH, *Handbucb*, págs. 43-45; *Lehrbuch*, pág. 79.

97 *Cfr.* WACH, Feststellungsanspruch, *pág. 17, y en* Zeitsch, fiir deuts. Zivilpr. *XXXII, 27;* LANGHEINECKEN, Urteilsanspruch, *pág. 55;* SCHMIDT, Lehrbuch, *pág. 713;* STEIN, Der Urkunden - and Wechselprozess, *§ 6, págs. 55 y sigs.; y* GAUPP-STEIN, Komm. *(11ª ed.), § 592,* Vorbem. *III.*

98 HELLWIG, *Anspruch und Klagerecbt,* § 22, III; *Lehrbuch,* I, pág. 146, nota 9; *System,* II (1912), § 242, *Zusatz zu* Nr. 3, 4; GOLDSCHMIDT, *Zwei Beiträge,* 43 Ann. 2; SCHULER, *Der Urteilsanspruch* (Tübingen, 1921), págs. 63-64; SAUER, *Grundlagen des Prozessrechts* (Stuttgart, 1919), pág. 526.

99 *Principii,* pág. 58 y pág. 201. Cfr. ahora, en este sentido, SEGINI, *L'opposizione,* cit., n. 11, acerca del cual véase, más adelante, parte cuarta, n. 5.

Según Chiovenda, el único criterio correcto para clasificar las acciones en categorías es el derivado de la diversa naturaleza de la providencia judicial a que cada acción se dirige[100]. La diversidad de las formas procesales, más simples o más solemnes, más cautas o más expeditivas, seguidas en el curso del procedimiento, no tiene importancia alguna para derivar de ellas una diversidad de acciones, cuando sea igual el resultado final al cual conducen estas dos diversas formas[101] si el resultado del proceso es una sentencia de condena, la acción no cambia de naturaleza por el hecho de que la misma sea hecha valer ante un pretor, con las formas especiales simplificadas establecidas por la ley para este procedimiento, o ante un tribunal a través de formas más complicadas; no cambia tampoco si, ante el tribunal, se sigue el rito sumario o se prefiere para ello la venerable dilación del rito formal. Tampoco significa diversidad de acción la diversidad de los medios probatorios a través de los cuales el juez llega a la declaración de certeza; la acción sigue siendo la misma tanto si la condena está basada sobre pruebas libremente valoradas, como si está basada sobre pruebas legales; tanto si el juez ha tenido modo de apreciar en contradictorio los elementos proporcionados por ambas partes, como si ha llegado a poner como base de su pronunciamiento ciertas circunstancias de hecho por efecto de una preclusión. ¿Quién podría sostener seriamente que la acción de condena cambia de naturaleza sólo porque el demandado no comparece y la sentencia, a la cual el proceso da lugar, es una sentencia contumacial? ¿Quién podría sostener que la acción es diversa según que se base sobre un crédito civil o sobre un crédito comercial, sólo porque en este segundo caso las partes pueden valerse de medios de prueba no consentidos en el primero?

Sentadas estas premisas es claro que, para poder llegar a afirmar que el procedimiento monitorio es la manifestación exterior de una acción diversa de la ordinaria, será necesario demostrar que la providencia judicial *(objeto inmediato* de la acción), a la cual el procedimiento monitorio tiende, difiere por naturaleza y por efectos de la providencia a la que conduce el proceso de condena ordinario; ¿en qué consistiría, pues, la diversidad de *objeto inmediato* entre la acción ordinaria de condena y la especial acción sumaria que, según la opinión de Chiovenda, se hace valer mediante el procedimiento monitorio? Tal diversidad de objeto inmediato, idónea para producir diversidad de acción, no podría ciertamente verse en la diversidad de las formas procesales propias respectivamente del proceso ordinario y del proceso monitorio, porque, como antes se ha observado, la diversidad de las formas seguidas en el curso del procedimiento no importa, como consecuencia necesaria, la diversidad de la providencia judicial que de él deriva; por las mismas razones, esta diversidad no podría consistir en el hecho de que la declaración de certeza derivada del procedimiento monitorio se base sobre una preclusión, en lugar de basarse sobre una verdadera cognición en sentido propio.

La diversidad entre las providencias a las cuales da vida el procedimiento monitorio y las sentencias ordinarias de condena se puede apreciar, según Chiovenda, no ya en el momento en que estas providencias (órdenes de pago) se convierten en ejecutivas por el transcurso del término, sino en el momento

100 Íd. íd., pág. 58.

101 CFR. HELLWIG, Anspruch und Klagerecht, *pág. 151.*

en que son emanadas; las mismas, en efecto, "no contienen, como la sentencia de condena, la afirmación del derecho a la prestación; y por eso, *en el momento en que se emanan,* las mismas ofrecen condiciones especiales, diversas de las que son propias de la sentencia de condena... En cambio, en el momento en que se mandan a ejecución, estas providencias deben haberse convertido en definitivas, y presentan entonces efectos análogos a la sentencia ordinaria de condena, en lugar de presentarlos análogos a las sentencias de condena excepcionales" [102].

Pero, no obstante todo el respeto a las enseñanzas de Chiovenda, yo pienso que si se quiere hacer una comparación entre la sentencia de condena y la orden de pago, al objeto de inducir, de su eventual diversidad de efectos, la diversidad de la acción de que estas dos providencias son respectivamente el resultado, es necesario considerar la orden de pago no ya en el momento en que la misma es pronunciada (pues ninguna eficacia inmediata se le da por la simple emanación), sino en el momento en que, para la verificación de la condición, la misma puede comenzar a producir sus efectos característicos, similares en todo a los de una sentencia de condena. La orden de pago, en el momento en que es emanada, no es una providencia jurisdiccional, sino solamente una posibilidad de providencia; el juez, en ella, declara la certeza y emite un mandato, pero en vía meramente hipotética; no solamente difiriendo en el tiempo los efectos de esta declaración de certeza y de este mandato, sino subordinando la producción de estos efectos a la verificación de un evento incierto y futuro que no depende de él. La sucesión lógica según la cual se desarrolla el procedimiento contumacial ordinario quiere que primero se produzca la preclusión y después, en virtud de ella, el pronunciamiento del juez: en el procedimiento monitorio esta sucesión natural está invertida, en el sentido de que el juez emana la condena antes de que se produzca la preclusión. Pero esta inversión es meramente aparente; porque en el período que va de la emanación de la orden a la verificación efectiva de la preclusión, esta orden no tiene ninguna eficacia, ni siquiera provisoria, ni siquiera (resolutoriamente) condicionada; la eficacia es consecuencia solamente del transcurso del término. La situación es, pues, sustancialmente idéntica a la del proceso ordinario: la orden de pago es emanada formalmente antes de la preclusión, pero, en realidad, solamente después de ocurrida la preclusión, comienza a hacer sentir prácticamente sus efectos. Un fenómeno análogo en parte se verifica en el moderno proceso alemán, cuando se pronuncia una sentencia que admite el juramento y determina anticipadamente las consecuencias que derivarán de la prestación del mismo[103]; la parte a la cual el juramento es deferido está desde ahora suspensivamente condenada si y en cuanto se niegue a jurar; del mismo modo, en el procedimiento monitorio el deudor es condenado anticipadamente, si y en cuanto no haga valer en tiempo su derecho de oposición. Pero si se considera que el procedimiento monitorio es expresión de una acción especial sumaria sólo porque se verifica en el mismo esta anticipación de pronunciamiento, es necesario considerar también que una acción especial, diversa de la acción ordinaria de condena, se debe ver siempre en el proceso alemán en todos aquellos casos en que en un proceso ordinario se pronuncia una sentencia condicional que admite el juramento en la forma

102 *Principii,* pág. 201.

103 Z. P. O. alemana, §§ 460 y sigs. Cfr. STEIN, *Grundriss,* § 65, II, 1: VASALLI, *La sentenza condizionale,* cit. n. 25.

antes indicada; lo que, al menos que yo sepa, no ha sido nunca, ni siquiera remotamente, tenido en cuenta por la doctrina alemana.

La existencia de una acción especial sumaria, separada y distinta de la acción ordinaria de condena, es más fácilmente sostenible, a mi entender, en los casos, que Chiovenda agrupa sistemáticamente en unión del proceso monitorio, de condenas con ejecución provisoria y de condenas con reserva[104], porque en tales casos se emana contra el condenado una providencia *ejecutiva* aun cuando no exista todavía una definitiva declaración de certeza de la voluntad de ley a ejecutar; de suerte que del hecho de que esta providencia ejecutiva es emanada sin que se constate la existencia de las condiciones necesarias para el pronunciamiento de una sentencia definitiva de condena, se puede concluir que esta providencia tiene condiciones diversas de las de la sentencia definitiva, y que, por consiguiente, la misma es el resultado de una acción diversa de la ordinaria de condena, la cual puede también no existir en el momento en que esta providencia ejecutiva entra provisoriamente en vigor[105]. Pero, en el procedimiento monitorio, este dualismo entre providencia ejecutiva y sentencia de condena no existe, en cuanto no existe diversidad alguna entre las condiciones necesarias para la emanación de la primera y para el pronunciamiento de la otra; es verdad, sí, que la orden de pago es emanada cuando no existe todavía declaración alguna de certeza del crédito alegado, o cuando (procedimiento monitorio documental) existe solamente la declaración de certeza de una parte de los hechos de litis; pero es verdad, además, que la orden de pago no tiene eficacia práctica antes de que esta declaración de certeza sea (mediante preclusión) producida[106]; la orden de pago, en suma, no es pronunciada porque el juez considere que existen en el caso concreto condiciones para la emanación de una providencia *diversa* de la sentencia de condena, sino porque el juez supone que, con el transcurso del término, durante el cual la orden de pago se encuentra en el estado de tentativa, se pondrá de relieve la existencia de las condiciones necesarias para el pronunciamiento, ya preparado anticipadamente, de una sentencia ordinaria (contumacial) de

104 *PRINCIPII*, § 8 BIS.

105 Cfr. CHIOVENDA, *La condanna can riserva*, cit., pág. 634. En el proceso monitorio documental, en el que el juez para emanar la inyunción se contenta con examinar si están probados mediante escritura los hechos constitutivos del derecho, reservándose examinar en la prosecución de la litis, cuando el demandado lo pida, la existencia de otros hechos opuestos en vía de excepción, se podría ver un fenómeno análogo a aquella separación de la cognición en dos fases que se verifica en el verdadero proceso documental (art. 324 del cód. de com.); en nuestro caso la cognición estaría dividida en dos fases no ya en el sentido de que en la primera fase se examinen solamente algunas excepciones y las otras después, sino en el sentido de que de los varios hechos de litis se examinan primero los constitutivos y después, si el deudor hace oposición, los impeditivos y extintivos. Pero este paralelismo aparente no tiene en realidad fundamento alguno: porque en el proceso monitorio documental la inyunción, a diferencia de la condena con reserva del proceso documental, no se convierte en ejecutiva a base de la parcial cognición que la precede, sino que se convierte en tal solamente cuando, como se ha dicho en el texto, la parcial cognición de los hechos constitutivos sea integrada por la preclusión del derecho de hacer valer en vía de oposición los otros hechos.

106 De una especial acción sumaria se podría hablar, en cambio, si la orden de pago fuese ejecutiva desde el momento en que ha sido emanada, y sometida a condición *resolutoria* (como ocurre en las sentencias con ejecución provisoria) en lugar de a condición suspensiva: cír., para un caso similar, mi citada *Rassegna*, n. 8.

condena. Verdad es que el procedimiento monitorio no es siempre admisible en los mismos limites en que es admisible la acción ordinaria de condena, ya que, con modalidades diversas según las varias legislaciones, este procedimiento especial está condicionado bien a la naturaleza del crédito hecho valer (carácter líquido, fungibilidad), bien al valor del mismo, bien a la existencia de especiales medios de prueba (documentos); pero todas estas limitaciones no constituyen, a mi entender, condiciones de una acción sumaria especial, sino presupuestos procesales especiales propios del procedimiento monitorio, que no alteran en modo alguno la naturaleza de la acción ordinaria de condena hecha valer por medio del mismo[107], de la misma manera que no se puede sostener que la acción de condena hecha valer ante un pretor adquiera caracteres de acción especial solamente porque el procedimiento pretorial es admisible tan sólo dentro de determinados límites de valor y tiene frente al procedimiento ante los tribunales presupuestos diversos, en lo que concierne, por ejemplo, al *jus postulandi.*

En conclusión, yo entiendo que solamente se puede considerar que al procedimiento monitorio le corresponde una acción especial sumaria en cuanto se pueda apreciar una acción especial sumaria en el procedimiento contumacial. Si la orden de pago emanada en el procedimiento monitorio se considera como una providencia sustancialmente diversa de la sentencia de condena, sólo porque la misma está basada sobre una preclusión, es necesario, lógicamente, apreciar esta misma diversidad también entre la sentencia de condena emanada en contradictorio y la emanada en contumacia del demandado; si la diversidad se hace consistir, pues, en el hecho de que la orden de pago es emanada antes de que la preclusión se haya verificado, entonces es necesario no olvidar que la orden de pago nace suspensivamente condicionada y que no se puede decir, en verdad, que el derecho de acción del acreedor quede en general satisfecho antes del transcurso del término por la emanación de esta orden, la cual, mejor que una providencia jurisdiccional cualquiera, se puede definir, mientras está abierto el término para la oposición, como una tentativa de providencia.[108]

107 Así SCHÜLER, *ob. cit.*, pág. 64, nota 35; SAUER, *ob. cit.*, págs. 232, 526, 621; en contra, pero sin motivación, SEGNI, en una recensión de esta obra, *Studi sassaresi*, II (1923), pág. 379.

108 Hemos indicado ya (en el n. 22, al final) que, según el art. 11 del R. D. de 24 de julio de 1922, la inyunción sometida a oposición fuera de término, puede ser asimilada a una sentencia contumacial provisoriamente ejecutable. De esta provisoria ejecutabilidad que la inyunción tiene *ex lege* no obstante la posibilidad de una oposición fuera de término (condición resolutoria), se podría en todo caso argumentar la existencia de una especial acción sumaria, similar a la que, según CHIOVENDA, está en la base de la sentencia declarada provisoriamente ejecutiva; y entonces, si se siguiera esta opinión, sería necesario considerar que con el proceso monitorio documental, tal como nosotros lo tenemos, se hace valer una acción sumaria especial, no porque la inyunción sea emanada *inaudita altera parte* sin previa cognición, sino porque transcurrido el término, la inyunción puede ser ejecutada no obstante oposición fuera de término. Pero el mismo CHIOVENDA, *Principii*, págs. 201 y 205 nota 1, enseña que de una acción sumaria no se puede hablar en los casos en que la ejecución provisoria está establecida *ope legis.*

SEGUNDA PARTE

CONDICIONES DE ADMISIBILIDAD DEL PROCEDIMIENTO DE INYUNCIÓN

SUMARIO

§ I. PREMISAS INTRODUCTIVAS.

Precedentes sobre el argumento. — 2. Proposición del tema: por qué las condiciones especiales de este procedimiento están comprendidas entre los presupuestos procesales. — 3. División.

§ **II.** CLASIFICACIÓN Y CARACTERES DE LOS PRESUPUESTOS PROCESALES ESPECIALES.

Relación entre estos caracteres y la finalidad del procedimiento monitorio.

§ **III.** *A)* CARACTERES DE LA ACCIÓN.

Debe tratarse de acción de condena.

§ **IV.** *B)* CARACTERES DEL DERECHO ALEGADO POR EL DEMANDANTE.

a) Derecho de crédito. — 7. *b*) Derecho derivado de obligación *de dar*. — 8. *c)* Naturaleza del objeto de la prestación. — 9. Concepto de fungibilidad. — 10. *d)* Crédito líquido y exigible; significado de estas expresiones. — 11. Determinación del equivalente en dinero. — 12. Sobre el carácter de crédito líquido. — 13. Sobre el carácter de crédito exigible. — 14. Créditos dependientes de contraprestación. — 15. *e)* Valor del crédito. — 16. *f)* Condición subjetiva del acreedor.

§ V. c) RESIDENCIA DEL DEUDOR.

La notificación del Decreto debe hacerse en el Reino o en las Colonias.

§ **VI.** *D)* PRUEBA ESCRITA DEL CRÉDITO.

Procedimiento monitorio puro y procedimiento monitorio documental. —

a) Objeto de la prueba escrita. — 20. Prueba de los hechos constitutivos del crédito. —21. Prueba de los presupuestos procesales y de las condiciones de la acción en el procedimiento monitorio puro. — 22. Ídem en el procedimiento monitorio documental. — 23. Aplicación a los créditos de los profesionales jurídicos. — 24. *b*) Concepto y eficacia de la prueba escrita. — 25. *c)* Naturaleza de esta prueba en relación a los caracteres especiales del procedimiento.

§ **VII:** — 26. INTRODUCCIÓN Y DIVISIÓN.

§ **VIII.** *A)* LA COMPETENCIA.

27. Sistema adoptado por el R. D. de 24 de julio de 1922 y comparación con el sistema de otras legislaciones. — 28. Observaciones sobre la competencia por razón del valor. — 29. Ídem sobre la competencia por razón de la materia. — 30. Ídem sobre la competencia territorial. — 31. Aplicaciones a los créditos de los profesionales jurídicos. — 32. Sobre los poderes del juez en relación a la competencia. — 33. ¿Puede el juez, de oficio, corregir la determinación del equivalente en dinero hecha por el demandante? — 34. Aplicabilidad al procedimiento monitorio de la regla establecida por la ley de 15 de setiembre de 1922, según la cual la competencia por razón del valor tiene carácter relativo para las causas de valor inferior. — 35. Poderes del juez sobre la verificación de la competencia territorial.

§ IX. *B)*. — 36 RECUSACIÓN Y ABSTENCIÓN EN EL PROCESO MONITORIO.

§ **X. C).** — 37. LA REPRESENTACIÓN PROCESAL EN EL PROCEDIMIENTO MONITORIO.

§ **XI. D).** — OTROS PRESUPUESTOS: EXCEPCIONES PROCESALES (LITISPENDENCIA).

§ I. Premisas introductivas

1. *Precedentes sobre el argumento*

Las conclusiones a las cuales he llegado en la primera parte, me servirán de necesaria premisa para proceder ahora al análisis exegético de algunas de las disposiciones mediante las cuales el procedimiento monitorio se aplica en nuestro derecho positivo; y aun cuando, como ya se ha visto (primera parte, § III), este procedimiento no tenga en nuestra legislación una expresión única, sino a través de manifestaciones legislativas esporádicas y fragmentarias, anteriores a la reciente introducción del mismo como instituto general y viva entre nosotros desde hace muchos años en formas heterogéneas, limitado a materias especiales o a territorios determinados, esta exposición mía se dedicará preferentemente (si bien con particulares referencias a las otras formas de procedimiento monitorio existentes en nuestro derecho) al procedimiento monitorio documental tal como ha sido introducido entre nosotros por la ley de 9 de julio de 1922, n. 1035 y por el R. D. de 24 de julio de 1922, n. 1036 complementario de la misma; para su mejor conocimiento ayudará, mucho más que el pequeño volumen, el cual en su superficialidad no está libre de errores, publicado sobre el tema por Indri[1] y que algún artículo, con propósito casi exclusivamente informativo, publicado por revistas jurídicas[2], el reciente *Appendice al Manuale* escrito por Ludovico Mortara[3], cuyo comentario en esta materia es particularmente precioso no sólo por la autoridad científica del escritor, sino también por la circunstancia de que las disposiciones de las leyes 9-24 de julio de 1922, si bien se ajustan a las propuestas contenidas, por sugerencia de Mortara, en los *Proyectos* Orlando de 16 de marzo de 1908 y 24 de mayo de 1909, son en gran parte una reproducción del Proyecto de ley de 26 de julio de 1919, n. 1177, redactado y presentado al Parlamento por el mismo Mortara, en el período en que él rigió el departamento de la justicia[4]; muy notable contribución a la mejor inteligencia de esta materia trae también la última entrega de los *Principii* de Chiovenda, la cual, aun cuando por razones tipográficas no haya podido tener en cuenta el procedimiento general de inyunción introducido por el Decreto de 24 de

1 *Il procedimento d'ingunzione, cit.*

2 Cfr. *Rassegna di legislazione, en Diritto e pratica commerciale,* vol. I, parte 2ª págs. 290 y sigs.; Cogliolo, T., *Il procedimento d'ingiunzione, en Mon. Trib.,* 1923, 34; De Simone, *Il proc. per ing., en La società per azioni,* 1923, pág. 90; Lucarini, *Il proc. per ing., en Foro delle Puglie,* 1923, I.

3 *La competenza civile dei Pretori e dei Conciliatori. Il procedimento per ingiunzione* (Tormo, U.T.E.T., 1923). Cfr. también, en la última edición del *Manuale,* t. I, págs. 506-507 nota, y la 4ª ed. del *Commentario,* vol. V, ns. 558-566.

4 En cuanto a las alternativas parlamentarias de este instituto, a partir de los proyectos de reforma presentados en 1908-1909 por el ministro Orlando, cfr. (además de la primera parte, n. 12) Mortara, *Appendice,* cit., págs. 67-74.

julio de 1922[5], completa, sin embargo, en el número III del § 94 la exposición, ya delineada en el número IV del § 8 bis, de los varios tipos de procedimientos monitorios especiales existentes con anterioridad en nuestra legislación. Conviene, por otra parte, poner de relieve, para justificar lo ampliamente que a lo largo de este estudio se deberá acudir a la doctrina alemana, que la teoría del procedimiento monitorio o de inyunción (términos que son equivalentes, pero debiendo advertir que cuando en el curso de este trabajo hablo de procedimiento de *inyunción* quiero referirme especialmente a aquella forma particular de procedimiento monitorio documental que se ha introducido entre nosotros por el Decreto de 24 de julio de 1922), si bien encuentra ya en nuestros escritores antes recordados una guía segura para la sistematización general, no puede valerse entre nosotros, para una profunda exégesis de las normas que regulan este instituto, de aquel precioso material de experiencias prácticas consagradas en la jurisprudencia judicial, a que pueden acudir las legislaciones alemana y austríaca que dieron entrada a este instituto hace ya decenios; de suerte que, a falta de experiencias propias, la consulta de los escritores alemanes, que han estudiado sobre la realidad el funcionamiento de este proceso, se hace, más que útil, indispensable no sólo en relación al procedimiento monitorio puro *(Mahnverfahren)*[6], sino también en relación al proceso documental[7], y en especial a la forma de proceso monitorio documental *(Mandatsverfahren)* del derecho austríaco[8], que es, en las legislaciones modernas el precedente más directo de nuestro procedimiento de inyunción.

2. *Proposición del tema: por qué las condiciones especiales de este. procedimiento están comprendidas entre los presupuestos procesales*

Aun cuando ninguna razón de absoluta incompatibilidad lógica y jurídica impediría, en teoría, extender el procedimiento monitorio a todos los casos en los cuales es aplicable hoy en día el proceso ordinario de cognición en contradictorio, y utilizar, por tanto, la inversión del contradictorio y el consiguiente establecimiento de certeza fundado sobre preclusión, no sólo para obtener sentencias de condena susceptibles de ulterior ejecución, sino también para obtener sentencias de mera declaración de certeza o sentencias constitutivas (cfr., anteriormente, parte primera, n. 5), sin embargo, por

5 Cfr. la *Prefazione* que precede a esa entrega, pág. VII.

6 En cuanto al derecho alemán (Z. P. O. §§ 688-703), cfr. Goldenring, *Das Mahnverfahren,* cit., Skedl, *Das Mahnverfahren,* cic., respecto del cual Richter, *Das. Mahnv. nach dem siebenten Buch der RCPO,* no es más que una reproducción (cfr. recensión en *Zeitsch. f. de deuts. civ. Pr.* XXI, 130); Kurtz, *Das Mahnv. in seiner Neugestaltung und s. Anwendung in der Praxis* (Berlin, 1914) en gran parte es un formulario para prácticos; Stein, *Komm.,* 11ª ed, 1913, vol. II, §§ 688 y sigs.; Hellwig, *System,* t. II (Leipzig, 1912) §§ 253-255. En cuanto al derecho austríaco (ley de 27 de abril de 1873), cfr. Ott, *Zur Lehre von den besonderen Verfahrensarten nach der neuen Civil- processordung,* cit.; Pollak, *System,* II, § 132; Neumann, *Komm. zu den Zivilprozessgesetzen,* 3ª ed. (Wien, 1914), t. I, págs. 377 y sigs.

7 En cuanto al derecho alemán *(Urkundenprozess,* §§ 592-605) cfr. Stein, *Der Urkunden-und Wechselprozess,* cit.; Íd., *Komm.,* cit., §§ 592 y sigs.; Hellwig, *System,* cit., t. II, §§ 251-252.

8 Z. P. O. austríaca, §§ 548-554; cfr. Ott, escrito cit., páginas 282 y sigs.; Neumann, *Komm.,* t. II, págs. 1576 y sigs.; Pollak, *System,* t. II, pág. 124.

razones de oportunidad práctica, las legislaciones positivas, y también este Decreto de 24 de julio de 1922 de que aquí nos ocupamos, dan al procedimiento monitorio un campo de aplicación mucho más restringido del que se deja al proceso ordinario de cognición; las mismas, en efecto, no dejan incondicionadamente al actor la facultad de escoger en todos los casos entre procedimiento ordinario y procedimiento monitorio sino que admiten al actor a servirse de este último sólo en cuanto la acción que proponen y el derecho sustancial que es condición de la misma se presenten como provistos de ciertos requisitos especiales, que no son necesarios para poder utilizar el proceso de cognición ordinario.

El procedimiento monitorio, por eso, en unión de las condiciones de admisibilidad comunes a todo proceso de cognición (*presupuestos procesales generales*) requiere, para ser admisible, la existencia de algunas condiciones suyas propias, que pueden denominarse *presupuestos procesales especiales* del mismo[9]. Si el procedimiento monitorio diese lugar a una providencia jurisdiccional sustancialmente diversa en su contenido de la sentencia de condena a la que puede dar lugar el proceso ordinario de cognición, y se pudiera por eso considerarlo como instrumento de una acción *sumaria* diversa de la acción común de condena, las condiciones que nosotros llamamos presupuestos procesales especiales del procedimiento monitorio deberían, por el contrario, considerarse como condiciones especiales de esta acción sumaria[10]; pero puesto que, como anteriormente he querido demostrar (en la primera parte, n. 22), la inyunción del procedimiento monitorio es absolutamente asimilable, en el momento en que adquiere eficacia ejecutiva, a una sentencia de condena pronunciada en contumacia del demandado, está fuera de lugar hablar aquí de acción sumaria y de especiales condiciones de la misma. La verdad es que la falta de estas especiales condiciones que nosotros consideramos como presupuestos procesales especiales del procedimiento monitorio no quita al actor la posibilidad de hacer valer la misma acción *en otro proceso;* el pronunciamiento del juez que rechaza el recurso con que el acreedor pide que se libre la inyunción, no niega el derecho del acreedor a obtener la condena del deudor, sino que niega solamente que el acreedor pueda alcanzar esta finalidad en la forma simplificada del procedimiento monitorio; declara, no ya que al acreedor no le corresponda el bien a que él aspira, sino que para que se pueda declarar si le corresponde le es necesario seguir la vía del proceso ordinario[11]. Si estos requisitos, que nosotros llamamos presupuestos

9 Besondere Prozessvoraussetzungen *lo llama* SCHÜLER, Der Urteilsanspruch *(Tübingen,* 1921) *pág. 64 nota 35;* SAUER, Grundlagen des Prozessrechts, *le llama, según la terminología especial adoptada por él,* "besondere Sachgestaltungsvoraussetzungen für besondere Prozessarten" *(pág. 232).*

10 En efecto, STEIN, en la terminología del cual los presupuestos de la tutela jurídica *(Rechtschutzvoraussetzungen:* condiciones de la acción) se contraponen a los presupuestos del proceso *(Prozessvoraussetzungen),* considera los especiales requisitos que el crédito del actor debe tener para ser hecho valer mediante el procedimiento monitorio como *"Rechtschutzvoraussetzungen des Mahnverfahrens";* cfr. *Komm.*, 11ª ed„ § 688, I; § 253 *Vorbem.* IV; § 597, VI, 2; § 6991, I; y *Urkunden- und Wechselprozess* (Leipzig, 1887) §§ 8 y sigs. (especialmente páginas 61-67); *Rechtschutzvoraussetzungen,* pág. 21.

11 Se podría repetir en cuanto al procedimiento monitorio la fórmula que el § 597 de la Z.

procesales *especiales* del procedimiento monitorio, debieran considerarse, según algunos los consideran, como condiciones de una acción sumaria especial, la existencia de los mismos, declarada por parte del juez, debería dar lugar *sin más* a un pronunciamiento de mérito favorable al reclamante; pero, aun cuando aparentemente la orden de pago sea emanada por el juez por el solo hecho de la existencia de tales requisitos (crédito líquido y exigible, prueba escrita, etc.), es posible, en realidad, configurar algunos casos en los que el juez, aun reconociendo que estos requisitos existen todos, rechace el recurso por razones de mérito (ejemplo, más adelante, n. 24 al final); como, viceversa, aun cuando el juez lo acoja, la circunstancia que da eficacia práctica a la orden de pago, esto es, la falta de oposición en tiempo por parte del deudor (preclusión), se puede verificar solamente en un momento posterior a aquel en que el juez ha librado la inyunción; mientras esta circunstancia no se ha verificado, puede haber una tentativa, un proyecto de providencia suspensivamente condicionada, pero no se puede decir, verdaderamente, que exista una providencia favorable perfecta. La característica del procedimiento monitorio consiste, en efecto, como ya sabemos, en que en el mismo, para llegar a la declaración jurisdiccional de certeza, se utiliza, en lugar del sistema probatorio usado en el proceso ordinario, un sistema más expeditivo basado sobre la preclusión. Pero no todas las acciones pueden indistintamente valerse de este mecanismo procesal más rápido y más simple que el ordinario; el mismo está reservado a aquellas que se presentan con determinados requisitos, los cuales tienen, pues, el carácter de condiciones necesarias para poder utilizar la forma especial de procedimiento, no ya de condiciones necesarias para obtener a través de esta utilización una providencia favorable (que puede obtenerse solamente si, después de la emanación de la orden de pago, se produce la preclusión). El carácter propio de los presupuestos procesales —que por regla general deben existir en el momento de la demanda, mientras que las condiciones de la acción basta que existan en el momento del pronunciamiento sobre el mérito[12]—, no puede aparecer con evidencia en el proceso monitorio, porque la proposición de la demanda y el pronunciamiento del juez se encuentran aquí yuxtapuestos en el inicio del proceso y no colocados en los dos puntos extremos, como ocurre en el proceso ordinario; y porque en el proceso monitorio, si el demandado no hace oposición, no puede haber, por regla general, un pronunciamiento sobre el mérito separado del pronunciamiento inicial sobre los presupuestos procesales, dado que en esta forma de procedimiento toda la decisión sobre el mérito consiste en formular anticipadamente la hipótesis de que al transcurrir el término se verifique la preclusión (cfr., sin embargo, más adelante, n. 24 al final). No obstante, quien examine el fenómeno más de cerca, verá que se verifica también aquí una cierta separación en el tiempo entre el momento en que deben existir los presupuestos procesales y aquel en que deben existir las condiciones de la acción; porque, mientras la existencia de las condiciones de admisibilidad del procedimiento monitorio debe verificarse en el momento

P. O. alemana emplea en aquellos casos en que el actor intenta valerse del procedimiento documental sin que concurran los presupuestos del mismo *"so wird die Klage als in der gewählten Prozessart unstatthaft abgewiesen"*.

12 *Cfr.* CHIOVENDA, Principii, *págs. 96-98;* SCHÜLER, ob. cit., §7ª.

en que el juez emana la orden de pago, los efectos del pronunciamiento sobre la existencia del derecho quedan suspendidos hasta que transcurra el término dado al demandado para hacer oposición, esto es, hasta el momento en que cesa la falta de certeza en torno al efectivo operar de la supuesta preclusión.

3. *División*

Estudiaremos en las páginas siguientes las condiciones de admisibilidad de esta forma de procedimiento, de la cual, en la primera parte, hemos visto los caracteres y la estructura. La exposición ofrecerá dos momentos: el primero dedicado a los presupuestos procesales propios del procedimiento monitorio (presupuestos procesales *especiales);* el segundo a los presupuestos procesales que el mismo tiene en común con el procedimiento ordinario (presupuestos procesales *generales).*

§ II. CLASIFICACIÓN Y CARACTERES DE LOS PRESUPUESTOS PROCESALES ESPECIALES

4. *Relación entre estos caracteres y la finalidad del procedimiento monitorio*

Los presupuestos procesales especiales del procedimiento de inyunción, regulados por el R. D. de 24 de julio de 1922 (a la exégesis del cual esta parte está dedicada en primer lugar, aun sin querer descuidar las otras formas especiales de procedimiento monitorio vigentes en nuestro derecho) contemplan:

a) La naturaleza de la acción;

b) La naturaleza del derecho sustancial (crédito) que constituye una de las condiciones de la acción misma;

c) La residencia, el domicilio o la habitación del pretendido deudor;

d) La prueba de este derecho.

Acerca de los caracteres que estos presupuestos procesales especiales presentan, en coordinación con la función propia del procedimiento de inyunción, hablaremos particularmente al examinarlos uno por uno. Es oportuno, sin embargo, advertir desde ahora, de una manera general, que cada uno de ellos, así como encuentra de un lado su mejor justificación y su mejor comentario en la finalidad de *rápida preparación del título ejecutivo* que es típica de este procedimiento (cfr., primera parte, n. 2), así también sirve, a su vez, para aclarar cada vez mejor que ésta es, precisamente, la finalidad a la que tal procedimiento está preordenado por el legislador. Las condiciones de admisibilidad del procedimiento de inyunción aparecen, en efecto, evidentemente preordenadas a excluir de esta vía todas aquellas acciones las cuales, o por la naturaleza de la providencia jurisdiccional exigida o por la naturaleza del derecho sustancial violado, no se prestarían a la inmediata creación del título ejecutivo. Los requisitos de carácter líquido y exigible que el crédito debe tener (véase más adelante, ns. 10-14) para dar lugar al ejercicio del procedimiento monitorio no son otra cosa que una anticipación en el proceso de cognición de los requisitos que el mismo debe tener para ser hecho valer en el de ejecución. En la demanda de inyunción dirigida por el acreedor al juez deben, en suma, estar ya contenidos todos los elementos necesarios para la construcción de un título ejecutivo; de suerte que no falte más que agregar a ellos (con aquel método rápido de la preclusión que es típico de este procedimiento) la declaración jurisdiccional de certeza, que los resuma en sí a todos. Igualmente otras condiciones de admisibilidad, como sería la de la prueba escrita del crédito y de la contraprestación realizada (véase más adelante, ns. 19-20), no tienden a otra cosa que a reducir al mínimo la posibilidad de las oposiciones a la inyunción y a allanar así el camino para la obtención del título ejecutivo, eliminando *a priori* todas aquellas acciones en que la oposición del deudor, en cierto modo previsible, podría frustrar el buen éxito del procedimiento. Las mismas limitaciones, comunes a todas las legislaciones, con que el procedimiento monitorio está reservado a las solas obligaciones de dar, que tengan por objeto cosas fungibles, encuentran su razón de ser en la facilidad con que el objeto de semejante obligación puede ser valorado en dinero, sin probabilidad de controversias en cuanto a su individualización[13].

Se puede, en conclusión, afirmar que, aun cuando el procedimiento monitorio sea, como sabemos, un procedimiento de cognición, sin embargo, aparece evidente en todas sus normas la preocupación a que Mortara se refiere llamándola acertadamente la posibilidad legal de dirigirse inmediatamente a la ejecución forzada"[14].

§ III. *A)* CARACTERES DE LA ACCIÓN

5. *Debe tratarse de acción de condena*

Ya se advirtió que en las legislaciones modernas solamente las acciones *de condena* pueden ser ejercitadas mediante el procedimiento monitorio; la providencia jurisdiccional (objeto inmediato de la acción) que el actor trata de obtener mediante este procedimiento, tiene en cada caso el carácter de un mandato (*inyunción, orden de pago),* dirigido por el juez al deudor para que lleve a cabo una determinada prestación, esto es, de un mandato enteramente similar a aquel que está típicamente contenido en toda sentencia de condena. Esa finalidad de preparación para la ejecución forzada, que es característica de las acciones de condena, se encuentra de modo aún más evidente en el proceso monitorio, en armonía con la función típica del mismo, que en otras ocasiones hemos analizado; de suerte que se puede decir que entre la inyunción del procedimiento monitorio y la sentencia de condena del procedimiento ordinario, la diferencia, bien sea por lo que se refiere al mandato de prestación dirigido al obligado, bien sea por lo que se refiere al inicio del estadio de ejecución, es más de nombre que de sustancia. Por las razones que expondremos más adelante (en el n. 13) el procedimiento monitorio no puede, sin embargo, ser utilizado para obtener una condena en futuro.

---

13 **Cfr.** GOLDENRING, *Mahnv.*, pág. 459; **SKEDL,** *Mahnv.*, página 111.

14 *Appendice*, cit., pág. 78.

§ IV. *B)* CARACTERES DEL DERECHO ALEGADO POR EL DEMANDANTE

6. *a) Derecho de crédito*

El derecho subjetivo sustancial, alegado por quien quiere valerse del procedimiento monitorio, debe ser un *derecho de crédito*[15], esto es, la facultad de exigir de una persona una determinada prestación; ésta es, por lo demás, una consecuencia implícita de la limitación, hace poco afirmada, del procedimiento monitorio a las solas acciones de condena; ya que no se puede tener acción de condena sino en cuanto el demandado se presente como obligado a una prestación positiva o negativa[16].

No todos los derechos *de crédito,* en el sentido amplio antes referido, pueden ser objeto de procedimiento monitorio, sino sólo algunas categorías de ellos, que responden a los requisitos que dentro de poco examinaremos. Conviene advertir, sin embargo, que en la determinación de estos requisitos no tiene importancia alguna el hecho jurídico que ha dado origen al crédito: la causa de la obligación es, a los efectos de la admisibilidad del procedimiento monitorio, irrelevante[17]; de suerte que bajo este aspecto[18] no está excluido el que mediante el procedimiento monitorio se pueda hacer valer también un crédito originado por la violación de un derecho real, o sea uno de aquellos derechos de crédito que la doctrina alemana hace entrar bajo el concepto de *pretensión rea*[19].

---

15 Según el art. 1 del R. D. de 24 de julio de 1922, "la inyunción... puede ser pronunciada *por un crédito...",* etc., expresión que corresponde a aquella de *"ein Anspruch",* adoptada para el procedimiento monitorio y documental en las leyes alemanas (cfr. § 592 y § 688 de la Z. R O. alemana); en cuanto al significado de la palabra *Anspruch* en el derecho alemán (§ 194, B. G. B. alemana), cfr. FERRARA, *Trattato,* t. I, págs. 330-331, CHIOVENDA, ***L'azione nel** sistema dei diritti,* n. 3. En el derecho austríaco se habla de *Forderung* (Z. R O. § 548; ley de 27 de abril de 1873, art. 1).

16 HELLWIG, *System,* t. I, § 102, I, pág. 259.

17 Cfr. STEIN, *Kommentar,* 11a ed. § 688, I, 2; SKEDL, *Mahnverfahren,* p. 110; HELLWIG, *System,* t. II, § 251, I, 1, pág. 57. STEIN, *Urkunden- und Wechselprozess,* págs. 70-71; "no tiene importancia ni la naturaleza de la pretensión, sea real o personal, ni la causa (contrato, ley, delito, etc.). Sólo su objeto tiene importancia decisiva".

18 Véase, sin embargo, nota 15.

19 Acerca de la naturaleza de estos derechos de crédito que nacen de la violación de un derecho real (respecto de los cuales la doctrina alemana habla de *dinglichen Ansprüchen,* cfr. HELLWIG, *System,* I, § 103), cfr. FERRARA, *Trattato,* t. I, págs. 331-332; POLACCO, *Obbligazione,* 2ª ed., págs. 54-55, n. 10, 2a. Recuérdese también que "todo derecho absoluto o relativo, tendiente a una prestación positiva o negativa, se presenta como obligación en el momento del proceso" (CHIOVENDA, *Principii,* pág. 47). Se comprende, pues, que en nuestra derecho no puede constituir obstáculo a la utilización del procedimiento de inyunción el hecho de que el crédito sea reforzado por un derecho real de garantía (hipoteca o prenda) accesorio del crédito. La cuestión fue debatida en Alemania a causa de la diversa naturaleza que tiene la hipoteca en el ordenamiento alemán (cfr. FALKMANN, en *Zeits. für d. d. civ. Pr.* X, 374) y fue resuelta después por la novela de 1898 que equiparó expresamente, a los efectos del procedimiento monitorio, los créditos hipotecarios a los otros créditos que tengan por objeto el pago de una suma de dinero: cfr. Z. R O. §§ 592 y 688, y SIEIN, *Komm.,* § 688, I, 1,

Esta cualidad del procedimiento de inyunción, de ser un instrumento procesal esencialmente reservado para hacer valer derechos de *crédito,* se refleja también en la denominación, impropia pero hoy en día comúnmente recibida en las legislaciones, con que se indican los que son parte en este proceso: aquel que inicia este procedimiento se llama *acreedor,* y aquel contra quien el procedimiento está dirigido se llama *deudor*[20], aun cuando en el curso del procedimiento pueda después resultar que el crédito alegado por el actor no existe y que, por consiguiente, aquel contra quien se propone la demanda de inyunción no es deudor. Más exacto sería adoptar una terminología que, sin referirse a la situación recíproca de las partes en la relación sustancial, se fijase solamente en su posición en el proceso; pero las denominaciones de *actor* y *demandado* no parece que puedan satisfacer, especialmente esta última (dado que falta aquí la *vocatio in ius* a la cual la palabra *convenido*[*], *cumventus,* etimológicamente se refiere). Serían preferibles quizá las expresiones de *recurrente*[**] e *intimado,* vivas en nuestro derecho judicial. Nosotros, sin embargo, por razones de sencillez, emplearemos en este trabajo la terminología adoptada por la ley, aun poniendo de relieve su inexactitud, en la que, por lo demás, el legislador ha incurrido también en las disposiciones que regulan el proceso ejecutivo.

7. b) Derecho derivado de obligación de dar

Los caracteres que el derecho de crédito debe presentar para ser objeto idóneo de procedimiento monitorio están minuciosamente regulados por la ley. Ante todo, la prestación a la cual tiende el derecho de crédito debe consistir en un *dar* (el art. 1 del R. D. de 24 de julio de 1922 habla de pago o entrega"), no ya en un *hacer* o en un *no hacer*[21].

8. c) Naturaleza del objeto de la prestación

No a todas las obligaciones *de dar* es aplicable el procedimiento monitorio sino solamente a aquellas cuya prestación de dar tenga por objeto una determinada cantidad de cosas fungibles (art. 1 cit.: *"crédito en dinero, o bien en mercaderías u otras cosas fungibles").* El procedimiento monitorio, por tanto, no se aplica nunca a las obligaciones que tienden a la entrega de un inmueble[22],

---

y § 592, III, 2.

20 R. D. de 24 de julio de 1922, arts. 2, 3, etc.; cfr. HELLWIG, *System,* t. II, pág. 69.

* He traducido aquí literalmente la palabra "convenuto", porque, de otra manera, carecería de sentido la frase en que la misma aparece. A lo largo de todo el libro, como en todas las traducciones de obras procesales, esa palabra se traduce por "demandado".

** También he traducido aquí literalmente la palabra *"ricorrente"* que en todos los casos traduzco por "demandante". Como en otras ocasiones be señalado, la expresión *"ricorso"* no corresponde a la nuestra "recurso" sino a las expresiones "demanda" o "petición".

21 Cfr., sin embargo, el arr. 37 del Proyecto ORLANDO, 20 de mayo de 1909 (cfr. nota 10 de la primera parte); y STEIN, *Komm.,* 592, III, 2.

22 Cfr. también aquí en otras legislaciones y entre nosotros *in jure condendo,* ejemplos de procedimiento monitorio utilizados para el desalojo de inmuebles arrendados, véase nota 10 de la primera parte.

porque la fungibilidad es una cualidad propia de las cosas muebles[23]; ni a aquellas que tengan por objeto la entrega de una cosa determinada en la especie o aun sólo en el género[24]. Se puede, en suma, decir que están admitidas a esta forma de procedimiento sólo las obligaciones *de cantidad,* no las *de especie* o *de género*[25]. La expresión del artículo 1 es aquí un tanto superabundante; ya que, mientras el concepto de este artículo habría sido expresado de un modo suficientemente claro si se hubiera utilizado solamente la frase comprensiva de "crédito en cosas fungibles", el legislador no sólo ha querido mencionar aquí explícitamente, siguiendo las legislaciones extranjeras[26], el ejemplo más importante y más frecuente de crédito que tenga por objeto una cosa fungible, esto es, los créditos "en dinero"[27] sino que ha considerado además oportuno referirse expresamente también al caso de créditos "en mercaderías"; y ha introducido en esta disposición una palabra que, como es sabido, no tiene en otras leyes una significación precisa. Verdaderamente ha de excluirse que

---

23 FERRARA, *Trattato,* t. I, pág. 831.

24 El requisito de la fungibilidad no se exige por el ordenamiento de Libia, el cual (art. 49) admite el procedimiento monitorio, además depara el pago de sumas, "para la entrega de cosas muebles" en general. En la relación de la Comisión de la Cámara de Diputados para la delegación al Gobierno de la facultad de reformar los Códigos (Legislatura XXVI, Sesiones de 1921-23, Doc. n. 2013 A) se propone extender el procedimiento de inyunción a las obligaciones de restitución de cosas muebles determinadas (arts. 185, 1848, 1878, 1585, etc., del Cód. civ.; rel. *La Loggia,* pág. *62).*

25 En cuanto a la diferencia entre estas varias categorías de obligaciones, cfr. FERRARA, *Trattato,* t. I, pág. 830; BENSA, *Sul concetto di cose fungibile nel diritto italiano* (Ed. sep. de los *Studi per Fadda)* n. 5; cfr. también VIVANTE, *Trattato,* 1ª ed., vol. III, nota 5 a pág. 80. Si se quisiera adoptar la clasificación tradicional de las acciones hecha, no a base de la naturaleza de la providencia jurisdiccional pedida, sino a base de la naturaleza del derecho sustancial o a base de la naturaleza de la cosa (objeto *mediato* de la acción) a que aquélla tiende, podríamos decir que el procedimiento monitorio no es nunca aplicable a las acciones *inmobiliarias* (sean reales o personales) ni a las acciones *mobiliarias reales.* Las acciones llamadas *reales* (sean mobiliarias o inmobiliarias) están excluidas del procedimiento monitorio no ya porque les falte a las mismas el requisito de tener como base un derecho de crédito (derecho a una prestación, originado por la violación de un derecho real) sino porque exceptuados los casos en que de la violación del derecho real surge sólo una obligación de resarcimiento en dinero, este derecho a una prestación (restitución de la cosa) contempla una cosa *determinada,* por lo que falta el requisito de la fungibilidad. Si se aceptase la propuesta de la Comisión de la Cámara de Diputados, a que me he referido en la nota precedente, el procedimiento de inyunción sería admitido también en cuanto a las acciones reales mobiliarias.

26 *Cfr. § 1 de la ley austríaca de 27 de abril de 1873 (*"Forderungen an Geld oder anderen vertretbaren Sachen"); *§ 545 Z. P. O. austríaca §§ 593 y 688 Z. P. O. alemana (*" Wegen eines Anspruchs welcher die Zahlung einer bestimmten Geldsumme oder die Leistung einer bestimmten Quantität anderer vertretbarer Sachen oder Wertpapiere zum Gegenstande hat").

27 En esta expresión está incluida toda clase de moneda, metálica o de papel, que tenga curso legal en el Estado (Cfr. MORTARA, *Appendice,* pág. 78; NEUMANN, *Komm.* t. II, pág. 1577; OTT, trabajo citado, pág. 286). El procedimiento monitorio es, sin embargo, aplicable también a los créditos en moneda extranjera; porque aun cuando se considerase que la expresión "dinero" indica solamente la moneda que tenga curso legal en el Estado, la moneda extranjera estaría siempre comprendida entre las "otras cosas fungibles".

la palabra *mercaderías* haya sido empleada aquí en aquel sentido general que abarca todo lo que constituye el objeto de la actividad comercial, comprendidos los inmuebles[28], los cuales no tienen nunca aquella fungibilidad que es aquí requisito indispensable; tampoco se debe entender que la palabra mercaderías pueda ser tomada en este caso en sentido técnico para indicar los productos de la industria manufacturera contrapuestos a *frutos,* producidos por la tierra, como en el artículo 3, n. 1, del Código de comercio. Aquí la misma comprende, por el contrario, no solamente las mercaderías y los frutos en sentido técnico sino además todas las cosas corporales muebles que pueden ser objeto de contratación y de cambio[29]. Y el procedimiento monitorio está declarado admisible para todas las prestaciones en mercaderías en este sentido, con tal que se trate de mercaderías fungibles[30]. Pero si su significado es tan amplio, ¿cuál es la función lógica del agregado ulterior "u otras cosas fungibles"? La única explicación me parece ésta: que con la última expresión se ha querido indicar, en contraposición con las mercaderías consideradas como bienes que tienen en sí el propio valor, aquellos bienes que tienen solamente un valor simbólico, esto es, las "obligaciones del Estado u otros títulos de crédito que circulan en el comercio" (art. 3, n. 1 del Cód. de comercio)[31], siempre que, como se comprende, sean de naturaleza fungible[32].

9. Concepto de fungibilidad

El concepto de *fungibilidad* es aquel que resulta del artículo 1287 del Código civil: se debe tratar de "una determinada cantidad de cosas de la misma especie, las cuales pueden *en los pagos* ocupar las unas el lugar de las otras"; para poder recurrir al procedimiento monitorio no basta, pues, que el crédito tenga por objeto cosas consideradas en el caso especial como fungibles por los contratantes (fungibilidad *subjetiva),* sino que es necesario que las mismas sean, por su naturaleza e independientemente de la voluntad de los contratantes, de aquellas que en el tráfico están comúnmente consideradas como sustituibles en los pagos (en los *pagos* en general; no en un solo determinado pago) las unas a las otras (fungibilidad *objetiva*)[33]. El procedimiento monitorio no sería,

---

28 *BOLAFFIO,* Il diritto commerciale (Corsa univ.), *2a ed., página 122; FRANCHI y PAGANI,* Del commercio in generale, *pág. 86.*

29 Cfr. FRANCHI *y* PAGANI, *ob. cit.*, pág. 86; BOLAFFIO, *ob. cit.*, pág. 115; VIVANTE, *Trattato,* 4a ed., t. III, n. 896.

30 Cfr. VIVANTE, loc. cit.

31 Cfr. BOLAFFIO, *ob. cit.*, pág. 116; VIVANTE, *Trattato,* t. III, loc. cit. La Z. P. O. alemana menciona expresamente, entre los créditos que pueden ser hechos valer mediante *Urk. pr.* o mediante *Mahnverf,* aquellos que tienen por objeto la entrega de una determinada cantidad de *Wertpapiere* (§§ 592 y 688); pero se considera que tal mención es superflua (STEIN, *Komm.,* § 592, III, 1; en contra, LANGHEINEKEN, en *Bayr* Z. VII, págs. 179 y sigts.). La *Propuesta* CHIOVENDA, art. 197, habla de "determinada cantidad de cosas o efectos".

32 STEIN, *Komm.,* § 592, III, 1, nota 8. Acerca de la cuestión cfr. el mismo STEIN, *Urk. Pr.,* pág. 73, nota 9; KOCK, en *Zeitsch. f. d. d. civ.,. Pr.,* III, pág. 380 y sigs. GOLDSCHMIDT, en *Zeitsch f. Handelsr.* XXVIII, págs. 64 y sigs.

33 Cfr. STEIN, *Urk. Pr.* págs. 72-73; SKEDL, *Mahnverf,* páginas 109-110. FERRARA, *Trattato,* t. I, pág.

sin embargo, admisible cuando el juez apreciase que las cosas que forman el objeto del crédito, aun cuando objetivamente fungibles, fueron, sin embargo, individualizadas y consideradas como infungibles por los contratantes, la voluntad de los cuales puede, por tanto, tener en la admisibilidad del procedimiento monitorio una eficacia negativa, en cuanto haya considerado subjetivamente infungibles cosas que serían, por su naturaleza, fungibles; pero no, a la inversa, una eficacia ejecutiva, en cuanto haya considerado subjetivamente fungibles cosas que no son tales objetivamente. La razón de esta diferencia aparece evidente, cuando se piensa que el legislador ha querido limitar el procedimiento monitorio a aquellas solas obligaciones cuyo objeto se adapte, por su naturaleza, a una rápida comprobación del precio y a un fácil pago[34]; cualidades que se encuentran solamente en las cosas fungibles objetivamente[35].

10. d) Crédito líquido y exigible; significado de estas expresiones

El crédito cuya satisfacción se persigue mediante el procedimiento monitorio, debe ser (siempre según el art. 1 del R. D. de 24 de julio de 1922) "líquido y exigible" (cfr. artículo 49 del Ordenamiento Judicial de Libia); esta locución, la cual reproduce la empleada por los artículos 1287 del Código civil y 41 del Código de comercio, trae a la mente aquella, un poco diversa, contenida en los artículos 2081 del Código civil y 568 del Código de procedimiento civil, los cuales exigen que la deuda, por la cual se procede a expropiación forzada, sea "cierta y liquida". Un comentador del Decreto de 24 de julio de 1922, ha afirmado, aunque sin profundizar mucho el tema, que las dos locuciones serían equivalentes puesto que "debiendo concurrir los extremos del carácter líquido y del carácter exigible del crédito, de ello deriva también que debe tratarse de un crédito cierto"[36]. La afirmación es evidentemente arbitraria; no sólo porque las dos expresiones contienen palabras de significado diverso, sino también porque esta diversidad de expresiones encuentra respectivamente su razón de ser en las diferentes finalidades del procedimiento monitorio y del ejecutivo.

Los tres requisitos a los cuales se hace referencia en los artículos antes recordados (certeza, carácter líquido, exigibilidad del crédito o de la deuda) tienen contenido netamente distinto: la certeza se refiere a la existencia del crédito, el carácter líquido a la determinación de su monto exacto, la exigibilidad al tiempo en que el acreedor puede pedir su pago; un crédito es cierto cuando no es controvertida su existencia *(an);* es líquido cuando

---

831, enseña que "donde la ley conecta consecuencias jurídicas a la fungibilidad como tal, se aplica el criterio objetivo de la misma, con independencia de la intención de las partes"; cfr. también VIVANTE, *Trattato,* t. III, 4a ed., nota 5 a pág. 80.

34 MORTARA, *Appendice,* págs. 77-78.

35 STEIN, *Urk. pr.,* pág. 73.

36 INDRI, trabajo citado, pág. 32. La Comisión central del Senado, en los votos emitidos por la misma en torno al proyecto de ley sobre el proceso de inyunción, había propuesto que también la certeza del crédito se exigiera expresamente: cfr. *Actos del Senado,* Legis. XXVI, 1ª Ses., Discusiones, 3 de julio de 1922, págs. 3366 y 3368.

es determinada la medida de la prestación *(quantum;* es exigible, cuando su pago no está diferido por término ni suspendido por condiciones, ni sujeto a otras limitaciones *(quando).* Aunque cada uno de estos tres requisitos tenga un significado suyo propio, es fácil comprender que el requisito de la certeza comprende también, si se toma en sentido amplio, el requisito del carácter líquido, ya que la existencia de un crédito no puede considerarse prácticamente cierta sino en cuanto esté fuera de controversia la medida en la cual ese crédito se concreta, el requisito de la exigibilidad está, por el contrario, en sí mismo, ya que se puede pensar en un crédito cierto en lo que se refiere al *an* y al *quantum* y, sin embargo, todavía no vencido y, por consiguiente, todavía no exigible.

Establecidas estas premisas, es fácil comprender que no se puede proceder a la realización forzada de un crédito sino en cuanto el mismo esté provisto de los tres requisitos arriba indicados; para iniciar la ejecución forzada es necesario, en efecto, que el acreedor esté provisto de un título ejecutivo, esto es, de una *declaración de certeza,* autoritativa o contractual, de la que resulte (al menos provisoriamente) fuera de controversia, no sólo la existencia y la entidad del crédito, sino también, el derecho del acreedor a obtener sin dilación la satisfacción del mismo[37]. Cuando los artículos 2081 del Código civil y 568 del Código de procedimiento civil mencionan como requisitos del título ejecutivo solamente la certeza y el carácter liquido de la deuda, y parecen con ello olvidar el requisito de la exigibilidad casi como si el mismo no fuera necesario para iniciar la ejecución forzada, quieren evidentemente considerar este tercer requisito, que, en realidad, no es menos indispensable que los otros dos, como comprendido en la certeza entendida en sentido lato[38]. La locución de estos dos artículos habría sido seguramente más exacta si los mismos hubiesen hablado de deuda "cierta y exigible", comprendiendo en el requisito de la certeza el del carácter líquido que naturalmente tiene cabida en él, y mencionando aparte el requisito de la exigibilidad, el cual, como antes se ha dicho, puede no existir aun cuando la deuda sea cierta sobre el *an* y sobre el *quantum;* pero puesto que es necesario tomar la ley tal como es y no tal como habría debido ser, es necesario considerar que en estos dos artículos el requisito de la exigibilidad haya sido sobreentendido, desde el momento en que sin exigibilidad no es posible pensar en ejecución forzada.

Las consideraciones expuestas hasta ahora no tienen aplicación al procedimiento monitorio. En cuanto al mismo, de los tres requisitos antes examinados, bastan, como correctamente se expresa en el artículo 1 del Decreto de 24 de julio de 1922, el carácter líquido y la exigibilidad del crédito ([39]); el requisito de la certeza del crédito no es necesario para la admisibilidad

37 Cfr. CHIOVENDA, ***Principii,*** págs. 242 y sigs., págs. 255 y sigs.

38 Íd., misma obra, pág. 257. MORTARA, ***Commentario,*** t. V, ns. 15 y sigs.

39 El carácter líquido y la exigibilidad del crédito son requisitos indispensables para el procedimiento monitorio también según las legislaciones alemana y austríaca; se debe tratar de crédito consistente en una *determinada* suma de dinero o en una *determinada* cantidad de cosas *fungibles* (Z. P. O. alemana, § 688; cfr. ley austríaca de 27 de abril de 1873, § 4, n. 2), y de un crédito que aparezca fundado en el momento *(zur Zeit)* de la demanda (Z. P. O. alemana, § 691; ley de 27 de abril de 1873, § 5). Cfr. STEIN, *Komm.,* § 688, I, 3; GOLDENRING, trabajo cit., pág. 459.

del procedimiento monitorio. Esto se deduce de la misma naturaleza del procedimiento; el cual, como en otra ocasión traté de demostrar, no es un procedimiento ejecutivo, del que constituya presupuesto indispensable la existencia de una declaración de certeza (título ejecutivo), sino que es un procedimiento abreviado de cognición, el cual trata de construir, mediante preclusión, aquella declaración de certeza que, a su vez, abrirá el camino a la ejecución. Si para iniciar el procedimiento ejecutivo es necesario, pues, que el derecho del acreedor sea *cierto* (estando consagrado en una de aquellas declaraciones de certeza, autoritativas o contractuales, que la ley considera como títulos ejecutivos) la existencia de esta certeza no sólo no es indispensable para iniciar el procedimiento monitorio, sino que incluso haría superfluo el recurrir a este procedimiento cuya finalidad, común a todos los procedimientos de cognición, es precisamente la de crear la certeza en las relaciones jurídicas inciertas[40].

Para la admisibilidad del procedimiento monitorio basta, pues, que el crédito alegado por el actor se presente al juez como determinado en su monto (suma de dinero o cantidad de cosas fungibles) y como ya vencido en el momento de la demanda; el requisito de la certeza, que da paso a la ejecución forzada, será, en lugar de un presupuesto, una consecuencia de este procedimiento, a través del cual, a falta de oportuna oposición por parte del pretendido deudor, la inyunción adquirirá la eficacia de una verdadera y propia declaración jurisdiccional de certeza.

11. *Determinación del equivalente en dinero*

El propósito correspondiente al procedimiento monitorio, de servir para el rápido establecimiento de certeza de los créditos que se presentan ya aptos para la ejecución forzada, aparece también del artículo 3 del R. D. de 24 de julio de 1922, el cual, a ejemplo de la ley austríaca de 27 de abril de 1873 (§ 4, inc. penúltimo) establece que "cuando la demanda tiene por objeto mercaderías u otras cosas fungibles, debe expresarse en el recurso la suma en dinero que el acreedor considera equivalente y que está dispuesto a aceptar en lugar de la prestación también en virtud de la ejecución forzada".

La finalidad de esta disposición no necesita de largo comentario: el procedimiento monitorio, aun cuando sea considerado en sí mismo un procedimiento especial de cognición, está absolutamente dirigido, como sabemos, a preparar y a acelerar la ejecución; y puesto que los artículos 568 del Código de procedimiento civil y 2081 del Código civil establecen que la deuda de cosas fungibles distinta del dinero no puede dar lugar al acto conclusivo de la expropiación que es la venta, si antes no se ha determinado su equivalente en dinero[41], así este inciso del artículo 3 quiere que en el título ejecutivo (inyunción), a la creación del cual tiende el procedimiento monitorio, esté

40 Cfr. MORTARA, *Appendice*, cit., págs. 78-79: "No era el caso de exigir el requisito de la *certeza*, que... presupondría la constitución de la cosa juzgada, etc.". Veremos, sin embargo, que el procedimiento monitorio puede ser utilizado también en cuanto a los créditos ya consagrados en un título ejecutivo y, por consiguiente, *ciertos*, al objeto de conseguir los efectos del art. 6 (hipoteca judicial). Cfr. texto, más adelante, n. 24.

41 MORTARA, *Comm.*, t. V, n. 79; CHIOVENDA, *Principii*, página 256.

ya contenida la determinación en dinero, cuya falta constituiría un obstáculo para el eventual desarrollo sucesivo de la ejecución forzada. También aquí, pues, el procedimiento monitorio aparece evidentemente preordenado a construir un título ejecutivo que sea, bajo todos los aspectos, incondicionado y completo. Si, tratándose de crédito en cosas fungibles diversas del dinero, en la inyunción se ordenara simplemente al deudor entregar una determinada cantidad de las mismas sin especificar cuál es su equivalente pecuniario, la inyunción sería título ejecutivo completo para conducir a término solamente una forma de ejecución, esto es, la ejecución "por entrega de muebles" (arts. 742 y sigtes. del Cód. de procedimiento civil), cuando estas cosas muebles se encontrasen en poder del deudor; pero no ya para llevar a término la ejecución ordinaria "sobre los bienes", al objeto de conseguir sobre el precio de los mismos el equivalente en dinero de las cosas muebles debidas[42]. Mediante la cautela prescrita por el inciso 29 del artículo 3 la inyunción viene a ser, a favor del acreedor de cosas fungibles diversas del dinero, un título ejecutivo igualmente idóneo para iniciar y llevar a término a su elección, sin ulteriores obstáculos, la ejecución por entrega de muebles o bien la ejecución de los bienes para realizar su precio.

¿La determinación del equivalente en dinero, prescrita por el artículo 3, tiene carácter facultativo, en el sentido de que el acreedor, si no está dispuesto a aceptar el equivalente en dinero en lugar de la prestación en especie, pueda prescindir de ella, o bien se debe considerar como una condición indispensable para la admisibilidad del procedimiento monitorio, de suerte que el juez deba poner de relieve de oficio su frita y rechazar por este solo motivo la demanda de inyunción? La forma imperativa ("debe") empleada por el artículo 3, y el precedente de la ley austríaca de la que esta disposición deriva[43], inducen a considerar que la determinación del equivalente en dinero sea un verdadero y propio presupuesto procesal especial del procedimiento monitorio, independientemente de la voluntad del acreedor[44]. No vale observar en contrario que esta disposición, la cual constriñe al acreedor a aceptar una suma de dinero en lugar de la prestación en especie, contradice el principio contenido en el artículo 1245 del Código civil, según el cual "el acreedor no puede ser constreñido a recibir una cosa diversa de aquella que se le debe". En realidad, la disposición del artículo 3 no disminuye en modo alguno, en el campo del derecho sustancial, la eficiencia del artículo 1245; sino que prescribe solamente, en el campo del derecho procesal, que quien quiere servirse del instrumento especial constituido por el proceso monitorio para la rápida realización de los créditos, debe declararse dispuesto a aceptar, en lugar de la prestación en especie, el equivalente en dinero; si el acreedor no está dispuesto a aceptar tal equivalente, y quiere, basándose en el artículo 1245, que el deudor sea condenado solamente a

42 Cfr. MORTARA, *Appendice*, págs. 78, 85-86.

43 Ley de 27 de abril de 1873, § 4, inciso penúltimo; § 5, inciso primero. La misma disposición no existe en el *Mandatsverf.* austríaco: cfr. OTT, trabajo cit., pág. 287.

44 En sentido contrario, MORTARA, *Comm.*, *4a* ed., vol. V. n. 559, según el cual, si el acreedor omite indicar la determinación del equivalente en dinero, "el juez, antes de pronunciar la inyunción, puede invitarlo a la declaración. En caso de omisión o negativa, se entiende que la inyunción no puede autorizar más que los actos dirigidos ai cumplimiento de la obligación principal".

cumplir la prestación en especie, debe renunciar a servirse del procedimiento monitorio que tiene condiciones procesales suyas propias, y debe recurrir al procedimiento ordinario, para obtener, en lugar de una inyunción, una verdadera y propia sentencia de condena. Pero es evidente, por otro lado, que el procedimiento ordinario sería también aquí para el acreedor menos ventajoso que el procedimiento monitorio; en efecto, cuando el artículo 3 prescribe que el acreedor debe declararse dispuesto a aceptar el equivalente en dinero, no le quita con eso el derecho de pretender antes, en cuanto ello sea prácticamente posible, el cumplimiento en especie, y el de llevar a cabo antes, a base de la inyunción convertida en título ejecutivo, la ejecución por entrega de muebles. Si el acreedor no quiere servirse de esta forma de ejecución, o no consigue obtener resultados positivos, el procedimiento monitorio le da la ventaja, a base del mismo título ejecutivo y sin necesidad de una ulterior declaración de certeza, de que pueda llevar también a cabo la ejecución sobre los bienes al objeto de obtener el equivalente en dinero. La disposición del artículo 3, lejos, pues, de disminuir el derecho del acreedor a perseguir la prestación en especie, trata de proporcionarle anticipadamente, para el caso de que no quiera o no pueda valerse útilmente de este derecho suyo, el título ejecutivo para obtener la sustitución pecuniaria de la prestación; esto es, le da desde ahora la declaración del equivalente en dinero, que, de otra manera, en caso de no prosperar la ejecución para entrega de bienes, se vería constreñido a provocar en un momento posterior.

Sobre los poderes del juez en relación a la determinación del equivalente pecuniario y sobre los efectos que esta determinación puede tener sobre la competencia por razón del valor, hablaremos en otro momento (en el n. 33).

12. *Sobre el carácter de crédito líquido*

Por falta del requisito del *carácter líquido,* el procedimiento monitorio no se presta a hacer valer los créditos respecto de los cuales no se haya determinado preventivamente la suma de dinero o la cantidad de cosas fungibles que es objeto de la prestación. Sin embargo, el requisito de crédito líquido puede considerarse cumplido cuando para calcular el monto preciso del crédito basta una simple operación aritmética sobre un número-base ya fijado por ley o por convención; así ocurriría, por ejemplo, si el acreedor pidiese al juez la inyunción, además de por una determinada suma de capital, también por los intereses legales en curso desde el día del vencimiento hasta el día del pago[45].

¿Puede pedirse, mediante el procedimiento monitorio, el cumplimiento de una obligación alternativa, cuando, se entiende, ambas cosas comprendidas en la obligación consistan en una determinada suma de dinero, o en una determinada cantidad de cosas fungibles? Si la elección pertenece al acreedor, la respuesta ha de ser afirmativa: en efecto, el acreedor, en la misma demanda de inyunción habrá determinado cuál de las dos prestaciones quiere exigir del deudor, por lo que la obligación se presentará al juez como ya convertida en simple en virtud del ejercicio de la facultad de elección. Pero si la elección pertenece al deudor, y éste, en el momento en que el acreedor pide el libramiento de la inyunción, no se ha determinado todavía, ¿se podrá decir que en este

45 Cfr. SKEDL, *Mahnverf.*, pág. 110, nota 5; HELLWIG, *System,* t. II, pág. 70, nota 10 y pág. 71; Ott (en cuanto al *Mandatsverf.),* trabajo cit., pág. 286.

caso el crédito se presente como provisto de aquel carácter líquido que es necesario para la admisión del procedimiento monitorio? De falta de exigibilidad (véase más adelante, n. 13), no es del caso hablar aquí, porque se supone que el acreedor tiene derecho a obtener *inmediatamente* la una o la otra de las dos prestaciones; pero, en cuanto al carácter líquido, aun cuando, en la hipótesis expuesta, cada una de ellas tiene, considerada en sí, tal requisito, puede parecer que el requisito mismo no se encuentre aquí en el crédito considerado en su complejo, el cual, en un cierto sentido, se presenta al juez como indeterminado, mientras no se conozca cuál de las dos prestaciones (no importa si cada una es determinada en sí misma) tenga derecho el acreedor a exigir del deudor. Sin embargo, no me parece que por eso sólo se pueda declarar inadmisible en un caso semejante el procedimiento monitorio; la notificación de la inyunción dirigida al deudor tendrá, en efecto, el resultado de ponerlo en mora en relación a su derecho de elección; y si dentro del término no lleva a cumplimiento una de las dos prestaciones y no hace oposición, la inyunción adquirirá carácter de título ejecutivo alternativo, en el sentido de que pasará al acreedor la facultad de proceder a la ejecución por una o por otra, a su elección, de las dos cosas a que se refiere la obligación[46]. De este modo, con el procedimiento monitorio se alcanza la misma finalidad que, con mucho mayor gasto de tiempo[47], se obtendría mediante el proceso ordinario con una sentencia, la cual señalando un término al deudor para hacer la elección, lo condenase *in futuro* al pago de aquella entre las dos cosas comprendidas en la obligación por la cual el mismo se hubiera determinado, con facultad al acreedor, en el caso de que el deudor no hiciera la elección dentro de término, de dirigir la ejecución, a su elección, sobre la una o la otra prestación[48].

13. *Sobre el carácter de crédito exigible*

Por falta del requisito de la *exigibilidad,* el procedimiento monitorio no se presta a hacer valer los créditos sometidos a condición suspensiva o a término. Si el crédito es exigible, pero el deudor no ha sido todavía constituido en mora (art. 1223, párrafo último del Cód. civil), la constitución en mora tiene lugar con la notificación de la inyunción; no es necesario que el acreedor, para probar la exigibilidad del crédito requerida a los efectos del procedimiento de inyunción, pruebe que ha invitado al deudor a pagar y la negativa de éste[49].

El procedimiento monitorio no puede ser empleado para hacer *valer preventivamente* un crédito todavía no vencido y como medio de obtener ahora la condena del deudor para cuando la deuda esté vencida *(condena in futuro)*[50];

46 SKEDL, ***Mahnverf.,*** pág. 110, nota 7; OTT, trabajo cit., página 286.

47 MORTARA, *Comm.,* t. 5, n. 17.

48 Cfr. POLACCO, *Obbligazioni,* 2a ed., pág. 217; CHIOVENDA, *Principii,* pág. 257.

49 STEIN, *Urk. Proc.,* pág. 129; cfr. CHIOVENDA, *Principii,* páginas 160-161.

50 En este sentido, en cuanto a las condenas en futuro reguladas por los §§ 257-259 de la Z. P. O. alemana, STEIN, *Komm.,* 11ª ed., § 688, 1, 3; SCHMIDT, ***Lehrbuch,*** 2a ed., pág. 601. En contra, HELLWIG, *Anspruch und Klagerecht,* pág. 369; Moos, *Die klage auf künftige Leistung,* pág. 68 y sigs. Sobre las condenas en futuro en nuestro derecho, cfr. CHIOVENDA, *Principii,* págs. 163 y sigs.

la inadmisibilidad del procedimiento monitorio estaría a mi entender fuera de discusión también si el acreedor probase en juicio que su crédito, todavía no vencido en el momento de la demanda, deberá vencer durante el período que se da al deudor para oponerse a la inyunción, de suerte que, cuando la inyunción adquiera eficacia de título ejecutivo por el transcurso de este término, el crédito se presentará como provisto de exigibilidad. La exigibilidad del crédito es un presupuesto procesal, y como tal debe existir en el momento de la demanda (véase, anteriormente, n. 2, final); a diversa solución podría acaso llegar quien considerase este requisito como condición de una acción sumaria especial; en efecto, en tal caso, dado el carácter de pronunciamiento *hipotético y anticipado* que es propio de la inyunción[51], sería lícito pensar que la condición de la exigibilidad pudiera considerarse cumplida cuando el juez, al emanar la inyunción, se encontrase en condiciones de prever que al vencimiento del término para hacer oposición, esto es, en el momento al cual se difiere el inicio de los efectos jurídicos del pronunciamiento, tal condición fuese no ya solamente supuesta sino comprobada.

14. *Créditos dependientes de contraprestación*

Especialmente interesantes, bajo el aspecto de la exigibilidad, son las obligaciones nacidas de contratos bilaterales.

En cuanto a estos contratos es oportuno, en relación a la admisibilidad del procedimiento monitorio, distinguir tres hipótesis: puede ocurrir que del contrato mismo resulte que la prestación debida por uno de los contratantes no puede ser exigida hasta tanto que el otro contratante no haya *precedentemente* llevado a cabo su contraprestación *(Vorleistung)*. En tal caso, si este último contratante, antes de haber cumplido su contraprestación, se quisiera servir del procedimiento monitorio para hacer ordenar al otro contratante el cumplimiento de su prestación, la demanda debería ser declarada inadmisible por falta del requisito de la exigibilidad, porque el crédito alegado se presentaría como todavía sometido a condición suspensiva[52]. Puede ocurrir, por el contrario, que del contrato mismo resulte que el contratante, que se quiere servir del procedimiento monitorio, esta, desde luego, obligado a ejecutar una contraprestación a favor del otro contratante, pero solamente a condición de que éste haya llevado a cabo, *antes* su prestación; en tal caso, el crédito del primer contratante se presenta desde ahora como exigible, y, por consiguiente, el procedimiento monitorio puede ser utilizado aquí con independencia de la contraprestación que debe seguir en un momento posterior *(Nachleistung)*[53].

En cuanto a estos dos casos no había necesidad de una disposición especial; bastaba, para llegar a las soluciones antes indicadas, la disposición genérica que prescribe como condición del procedimiento monitorio la exigibilidad

51 Cfr. anteriormente, primera parte, ns. 21 y 22.

52 Cfr. SKEDL, *Mahnverfahren*, pág. 111: *"Liegt dem Petenten eine noch nich erfolgte Vorleistung ob, so ist das Mahngesucht... mangels Fälligkeit der Forderung abzuweisen"*. Cfr. GOLDENRING, trabajo cit., pág. 459; HELLWIG, System, II, pág. 70, nota 10.

53 SKEDL, loc. cit.

del crédito. De no tan fácil solución se presentaba, en cambio, la cuestión respecto de aquellos casos en los que no resultase del contrato cuál de las dos obligaciones recíprocas surgidas respectivamente a cargo de los dos contratantes debe ser cumplida *antes* que la otra; esto es, el caso en que las dos prestaciones debieran ser cumplidas simultáneamente, la una a cambio de la otra (la doctrina alemana habla en estos casos de *Leistug Zug um Zug)*[54]. En efecto, si en un caso similar uno de los contratantes, antes de haber llevado a cabo su prestación, hubiese querido hacer uso del procedimiento monitorio para conseguir que se dirija al otro contratante la inyunción de cumplir sin más la propia obligación, el procedimiento monitorio no habría podido denegársele por falta de exigibilidad del crédito; pero el otro contratante habría podido oponerle la *exceptio non ndimpleti contractus, y* dar lugar así a una complicada controversia, con la consiguiente desaparición de todas las ventajas de celeridad y de simplicidad que deberían ser propias del procedimiento monitorio. Para evitar al procedimiento monitorio esta frecuente causa de litis que es en los contratos bilaterales la *exceptio non adimpleti contractus, y* para confirmar, también respecto de este punto, el principio de que esta forma de procedimiento está reservada a los créditos de rápida solución[55], la ley austríaca de 2 de abril de 1873 (§ 5) imitada después por el § 688 de la Z. P. O. alemana, estableció que la demanda de inyunción debía ser rechazada de oficio, cuando de la misma resultase la dependencia del crédito de una contraprestación no cumplida todavía[56]; y nuestro R. D. de 24 de julio de 1922, artículo 1, inciso 1°, repite casi literalmente la misma disposición (agregando el requisito de la prueba escrita, de que hablaré dentro de poco, en el n. 19) en estos términos: "Si el cumplimiento de la obligación depende de una contraprestación, debe demostrarse con prueba escrita que la misma fue regularmente realizada". No basta, pues, que el acreedor se declare dispuesto a cumplir la contraprestación; es necesario que ésta haya sido "regularmente realizada", mediante pago al otro contratante o mediante ofrecimiento de pago, hecho en las formas de ley y seguido del depósito regular de la cosa debida (arts. 1259 y sigtes. del Cód. civil; art. 68 del Cód. de comercio). Si la contraprestación no se ha llevado a cabo, el contratante que quiera accionar judicialmente, deberá servirse del procedimiento ordinario para obtener una condena en futuro[57], la cual podrá ser ejecutada forzadamente tan sólo cuando él haya cumplido ya su prestación[58].

La disposición del artículo 1 se refiere principalmente a los contratos bilaterales perfectos (*Contractus bilaterales aequales),* de los que es carácter

---

54 Cfr. sobre este tema, en relación al proceso documenta!, Stein, *Urk, Pr.,* cit., § 10.

55 En los motivos al § 581 (hoy 688) de la Z. P. O. alemana se dice que es propio del espíritu del procedimiento monitorio servir para la satisfacción de créditos incondicionados, no dependientes de presupuestos más o menos controvertidos. Cfr. Skedl, *Mahnverf,* pág. 111.

56 Cfr. Cód. proc. civ. japonés, § 382; la misma regla está en vigor, según Ott, pág. 287, también en cuanto al *Mandatsverfahren* austríaco; expresamente se hace referencia a ella en el procedimiento por mandato establecido por la ley búlgara de 30 de noviembre de 1897, n. 206, art. 2. Véase también el § 7 de la *Exek. Ord.* austríaca de 27 de mayo de 1896.

57 Chiovenda, *Principii,* § 6, III, *c).*

58 Íd., pág. 257.

típico la existencia desde su origen de dos obligaciones recíprocas a cargo de ambos contratantes; en cuanto a estos contratos, aun cuando de la demanda de inyunción no resulte expresamente la existencia y la interdependencia recíproca de las dos obligaciones, basta el *nomen iuris* del contrato sobre el cual el acreedor basa su demanda, para hacer aplicable la disposición que aquí examinamos. En los contratos bilaterales imperfectos (*contractus bilaterales inaequales*), en los cuales la obligación de una contraprestación puede nacer en un momento posterior a aquel en que el contrato ha sido concluido, de manera que el deudor originario puede tener contra el acreedor una *actio contraria*, la disposición del artículo 1 será aplicable solamente si la dependencia de la prestación principal de una contraprestación del acreedor resulta expresamente de la demanda[59]. Es superfluo, pues, advertir que esta disposición no es nunca aplicable a los contratos unilaterales; la eventual obligación del acreedor de librar recibo o de restituir el título de crédito al deudor que ha pagado (ejemplo, art. 295 del Cód. de comercio) no tiene carácter de contraprestación[60].

15. *e)* *Valor del crédito*

Entre los presupuestos procesales especiales del procedimiento monitorio regulado por el R. D. de 24 de julio de 1922, no está considerado *el valor del crédito*, a diferencia de lo que dispone la ley austríaca de 27 de abril de 1873[61], que limita la admisibilidad del procedimiento monitorio a los solos créditos de valor exiguo. El escaso valor del crédito es, por el contrario, condición de admisibilidad del procedimiento monitorio regulado por el Ordenamiento judicial de Libia (R. D. de 20 de marzo de 1913, n. 239, art. 43), que reserva este procedimiento a los créditos que no superen las 500 liras, y de la forma especial de procedimiento monitorio que es la condena *por decreto*, regulada por los artículos 298-302 del Código de procedimiento penal, con limitación a las multas que no superen las 100 liras ([62]).

16. f) Condición subjetiva del acreedor

Tampoco está comprendida, por lo general, entre los presupuestos procesales del procedimiento de inyunción regulado por el R. D. de 24 de julio de 1922 la

59 Esta es la opinión de Skedl, *ob. cit.*, pág. 111, y de Stein, *Komm.*, § 688, I, 4; Goldenring por el contrario, trabajo cit., pág. 460, considera que la disposición no es nunca aplicable a los contratos bilaterales imperfectos.

60 Cfr. Stein y Goldering, antes citados.

61 En el § 1 de la ley de 27 de abril de 1873, el procedimiento monitorio estaba limitado a los créditos de valor no superior a las 400 coronas, cifra aumentada a 1.000 coronas por la G. E. N. del 1° de junio de 1914 (en cuanto a las novelas posteriores, cfr. Hermann, *Die Zivilprozessnovellen*, Wien, 1923). Por la ley de 1° de abril de 1921 de la Rep. de Checoeslovaquia el procedimiento monitorio es aplicable a los créditos que no superen las 5.000 coronas; cfr. anteriormente, primera parte, n. 6 y notas. También en el procedimiento monitorio de la Z. P. O. alemana la pequeñez del crédito no figura entre las condiciones de admisibilidad: cfr, Stein, *Komm.*, § 688, I, 2.

62 Cfr. anteriormente, primera parte, n. 11; Chiovenda, *Principii*, págs. 1191, 1192 y notas.

afirmación por parte del acreedor de una condición subjetiva especial que dé a su crédito carácter privilegiado. El procedimiento de inyunción recientemente introducido tiene carácter *subjetivamente general*, en el sentido de que sus condiciones de admisibilidad se derivan exclusivamente de la naturaleza objetiva del crédito, sin tener en cuenta la profesión que ejerce el acreedor y sin distinguir si el titular del crédito es un particular o es la administración pública. Este carácter de generalidad subjetiva (que el procedimiento de inyunción del R. D. de 24 de julio de 1922 tiene en común con el procedimiento monitorio puro del ordenamiento de Libia) merece ser puesto de relieve porque hasta ahora en nuestra legislación, el procedimiento monitorio era adoptado solamente como una forma de procedimiento privilegiado a favor de determinados profesionales (véase, anteriormente, primera parte, n. 11) o a favor de la administración pública (véase anteriormente, primera parte, n. 13); casos en los cuales la especial condición subjetiva del acreedor figuraba entre los presupuestos del procedimiento privilegiado.

Conviene, sin embargo, advertir que también para la admisibilidad del procedimiento de inyunción regulado por el R. D. de 24 de julio de 1922 puede exigirse excepcionalmente la prueba de una condición profesional especial del acreedor; esto ocurre en los casos contemplados por el último inciso del artículo 1 de este Decreto, el cual consiente que el procedimiento de inyunción sea usado también en cuanto a aquellos créditos profesionales que hasta ahora (pero en medida menos amplia: cfr., más adelante, n. 23) podían ser hechos valer mediante el procedimiento monitorio del artículo 379 antes recordado.

En estos casos, como veremos muy pronto, la condición subjetiva del acreedor asume el carácter de presupuesto procesal especial *ocupando el lugar* del requisito objetivo de la prueba escrita del crédito.

§ V. C) Residencia del deudor

17. *La notificación del decreto debe hacerse en el Reino o en las Colonias*

Según el inciso 2° del artículo 1 del R. D. de 24 de julio de 1922, "el procedimiento de inyunción no se admite cuando la notificación del Decreto, prescrita por el artículo 5, no haya de hacerse en el Reino o en las Colonias italianas"; y puesto que, según el artículo 5, el Decreto que contiene la inyunción debe ser hecho notificar al deudor o a los deudores "en las formas establecidas por el acto de citación en el Código de procedimiento civil", de ello se deriva, como consecuencia, que el procedimiento de inyunción no es admisible cuando, de conformidad con las reglas contenidas en el Código de procedimiento civil para la notificación de las citaciones, el pretendido deudor "no tenga residencia, domicilio o habitación en el Reino" o en las Colonias, y no tenga en el Reino o en las Colonias un procurador general (art. 142 del Cód. de proc. civ.). Diremos, pues, a la inversa, que uno de los presupuestos procesales especiales del procedimiento de inyunción es que el pretendido deudor tenga la residencia o el domicilio, o bien un procurador general propio (art. 872 del Cód. de comercio), en el territorio del Reino o de las Colonias, o que, aun no teniendo ni residencia ni domicilio, se encuentre en el Reino o en las Colonias temporalmente, de manera que la inyunción le pueda ser notificada en persona (art. 106, n. 2, Cód. proc. civ.).

El origen de esta disposición, cuya razón, como enseña autorizadamente Mortara [63], está en la oportunidad de evitar "la amplitud de los términos que deberían ser concedidos para la oposición a quien hubiese de recibir aquella notificación en el extranjero" [64], así como "la escasa garantía que ofrecen las formas de notificación a cumplirse en el extranjero", debe buscarse en una disposición correspondiente del Ordenamiento procesal alemán[65], la cual, sin embargo, declara inadmisible el procedimiento monitorio no sólo en los casos en que la notificación de la orden de pago habría de hacerse en el extranjero, sino también en los casos en que la misma, por ser desconocido el domicilio del pretendido deudor, habría de hacerse mediante edictos públicos ("*durch öffentliche Bekanntmachung*, Z. P. O., alemana, § 203). Nuestro artículo 1 no dice una palabra de la notificación mediante publicidad (art. 141 del Cód. proc. civ.); y aun cuando las razones contrarias a la admisión del procedimiento monitorio en los casos en que la notificación habría de hacerse en el extranjero existan *a fortiori* en los casos en que la notificación ha de hacerse por medio de publicidad, sin embargo, dado el texto clarísimo del artículo 1 que se refiere solamente a la primera forma de notificación (art. 142), dudo de que se pueda sostener solamente por analogía la inadmisibilidad del procedimiento de inyunción también en los casos en que la notificación deba hacerse en la forma del artículo 141 [66].

§ VI. *D)* Prueba escrita del crédito

18. *Procedimiento monitorio puro y procedimiento monitorio documental*

El procedimiento monitorio *puro,* en cuanto su admisibilidad está condicionada a la existencia de requisitos especiales del derecho alegado por el acreedor (fungibilidad del objeto, carácter líquido, exigibilidad, etc.) no exige que estos requisitos estén preventivamente probados, sino que se limita a pedir que los mismos sean *afirmados* en la demanda de inyunción. Sobre el acreedor que se quiere servir del procedimiento monitorio puro no recae,

---

63 *Appendice*, cit., pág. 79.

64 En este sentido, también Skedl, *Mahnverf*, pág. 112.

65 Z. P. O., § 68: "el procedimiento monitorio no tiene lugar... cuando la notificación de la orden de pago debe ser hecha en el extranjero o mediante edicto público". La ley austríaca de 27 de abril de 1873, § 3 es también más rigurosa porque prohíbe librar la orden de pago contra personas "cuyo domicilio es desconocido, o a las cuales la notificación debería ser hecha fuera de la circunscripción en que tiene su sede el tribunal distrital competente para la emanación de la orden de pago".

66 La inadmisibilidad del procedimiento de inyunción también en el caso del art. 14 1 del Cód. de proc. civ., se podría, a lo sumo, fundamentar, en lugar de a base del art. 1, a base del art. 2 del R. D. de 24 de julio de 1922, en cuanto prescribe que en el recurso se indique "la residencia o la habitación... del deudor"; si del recurso apareciese que el deudor no tiene residencia o habitación conocida, el juez podría quizá declarar el recurso inadmisible por falta de un requisito formal.

pues, la carga de *probar,* sino solamente la carga de *afirmar* los elementos de hecho de los cuales resulta que el crédito es idóneo para aquella forma especial de procedimiento; si esta afirmación falta, la demanda de inyunción será declarada inadmisible por falta de los requisitos no expresamente afirmados; pero si esta afirmación existe, el juez no podrá rechazar la demanda por falta de pruebas[67], porque el procedimiento monitorio puro, para llegar a la declaración de certeza del derecho alegado por el acreedor, exonera al acreedor de proporcionar la prueba preventiva y "especula" anticipadamente[68] (y éste es su carácter típico) sobre la supuesta falta de contradicción en tiempo por parte del pretendido deudor.

El procedimiento de inyunción, introducido en Italia por el R. D. de 24 de julio de 1922, se aparta, en cuanto a este punto, como anteriormente se ha demostrado (en la primera parte, n. 8) del procedimiento monitorio *puro* de la ley austríaca de 21 de abril de 1873 y de la Z. P. O. alemana (imitada después por el Cód. de proc. civ. japonés, §§ 382- 395); y, combinando con los caracteres propios del procedimiento monitorio puro un requisito sacado del procedimiento documental *(Urkundenprozess,* §§ 592 y sigtes. de la Z. P. O. alemana), asume la estructura híbrida que la legislación austríaca conoce bajo el nombre de procedimiento por mandato *(Mandatsverfahren,* §§ 548 y sigtes. de la Z. P. O. austríaca, y Ley búlgara de 30 de noviembre de 1897) *y* que nosotros hemos denominado procedimiento *monitorio documental* (véase primera parte, ns. 6 y sigtes.).

El requisito que nuestro procedimiento de inyunción ha tomado prestado del proceso documental se refiere, no ya a los caracteres de rápida solución con que el crédito debe aparentemente presentarse, sino a la prueba de la efectiva existencia de aquellos caracteres, la declaración de certeza de los cuales no se basa solamente *a posteriori* sobre la preclusión del derecho de oposición correspondiente al deudor, sino que se basa, además, sobre la prueba de los hechos constitutivos del derecho que el acreedor debe *a priori* proporcionar al juez cuando le presenta la demanda de inyunción. Esta desviación de la típica estructura del procedimiento monitorio puro no se detiene aquí; no solamente, en efecto, el procedimiento de la inyunción tal como está regulado por el R. D. de 24 de julio de 1922, exige una prueba allí donde el procedimiento monitorio puro se contenta con una simple afirmación, sino que exige, además, que esta prueba sea *escrita;* el artículo 1 del mencionado Decreto dice que la inyunción puede ser pronunciada únicamente si el crédito está "fundado sobre prueba escrita, válida según las normas del Código civil o del Código de comercio". Así la existencia de una prueba escrita de aquellos caracteres del crédito que constituyen otros tantos presupuestos especiales del procedimiento de inyunción viene a ser, a su vez, un ulterior presupuesto procesal especial, esto es, otra condición de admisibilidad de esta forma de procedimiento; si esta prueba falta, el acreedor podrá igualmente llegar, mediante otros medios de prueba y en otra sede, a hacer condenar al deudor, pero no podrá servirse, para alcanzar su finalidad, de esta forma especial de condena, que es la inyunción.

67 Cfr. GOLDENRING;, trabajo cit., pág. 461.

68 La expresión es de SCHMIDT, *Lehrbuch,* § 93.

19. *a) Objeto de la prueba escrita*

El primer problema que se presenta a quien quiera comprender el alcance del artículo 1 en relación a! requisito de la prueba escrita, concierne al *objeto* de esta prueba: esto es, a cuáles sean los hechos que el acreedor debe probar mediante escritura para obtener la inyunción por él pedida. Nuestro artículo 1 emplea, para delimitar este objeto, una frase no muy precisa: el crédito debe estar "fundado sobre prueba escrita", o sea, para decirlo con locución más exacta pero en sustancia equivalente, debe, mediante documentos, probarse el "fundamento" del crédito, los hechos sobre los cuales el crédito se funda. Similar es, en efecto, la locución empleada para expresar el mismo concepto por el Ordenamiento procesal alemán, el cual, entre las condiciones de admisibilidad del proceso documental exige también "que todos los hechos necesarios para el fundamento del crédito (*Anspruch*) puedan ser aprobados mediante documentos"[69]; que no es muy diversa a la empleada por la Z. P. O. austríaca para determinar la admisibilidad del *Mandatsverfahren*[70].

La disposición del artículo 1, la cual echa sobre el acreedor, que quiera servirse del procedimiento de inyunción, la carga de probar mediante documentos, la existencia a su favor de un derecho que tenga las cualidades exigidas por esta forma de procedimiento, constituye una notable agravación de la carga de la prueba que el artículo 1312 del Código civil atribuye en general a todo actor; ya que los mismos hechos constitutivos del derecho, para probar los cuales en el proceso ordinario el actor puede servirse de cualquier medio de prueba, deben necesariamente, en el proceso de inyunción, en cuanto sean condiciones de admisibilidad de esta forma de procedimiento, ser probados con documentos, con exclusión de todas las pruebas, llamadas simples, que se pueden construir en el curso del juicio ordinario[71].

Pero si la carga de la prueba viene a ser, por un lado, notablemente agravada en fuerza de esta *limitación de los medios probatorios* (la cual, como se comprende, se refiere a la sola fase inicial del procedimiento de inyunción, esto es, a la fase que se desarrolla sin contradictorio; pues, si la posterior oposición del deudor da lugar a la apertura del contradictorio, en éste vuelve a ser libre también para el acreedor, lo mismo que en el proceso ordinario, la elección de los medios de prueba), se debe considerar, de otro lado, que quien se quiere valer del procedimiento de inyunción no está obligado a probar con documentos todos los hechos indistintamente de los cuales estaría obligado

69 *Z. P. O. alemana, § 502;* "wenn die sämtlichen zur Begründung des Anspruchs erforderlichen Tatsachen durch Urkunden bewiesen werden können".

70 *Z. P. O. austríaca, § 584:* "... wenn alle Tatsachen, auf welche der Anspruch des Klägers... sich gründen..."; *cfr.* POLLAK, System, *t. II, pág. 667;* NEUMANN, Komm., *t. II, pág. 1577;* OTT, *trabajo cit., págs. 287 y sigs.*

71 Se comprende que también en el procedimiento monitorio documental conserva pleno vigor la regla del proceso ordinario por la cual no tienen necesidad de prueba (y, por consiguiente, tampoco de prueba escrita) los hechos notorios; cfr. en cuanto al *Urk, proc. alemán,* Stein, *Urk. Pr.,* § 18, III; *Komm.,* § 592, IV, 5; HEI.LWIC, *System,* § 251, I, 2, *c.* Igualmente se aplican a este procedimiento los principios concernientes al poder del juez en materia de normas jurídicas (*iura novit curia) y* de máximas de experiencia, así como los límites de este poder en el caso de normas consuetudinarias o extranjeras; cfr. también aquí STEIN, *Urk. Pr.,* § 18, IV; *Komm.* § 592, IV, 6.

a dar, en el proceso ordinario, la prueba sin limitación de medios[72], sino que está obligado a probar con escrituras solamente una categoría de ellos, esto es, los concernientes a la existencia del crédito y a la especial naturaleza de la prestación, que constituyen otros tantos presupuestos procesales de esta forma de procedimientos; en cuanto a todas las otras categorías de hechos, conserva íntegro su vigor (en cuanto no se trate de hechos que el juez debe verificar de oficio) el principio, propio del proceso monitorio puro, de que sobre el acreedor grave no la carga de la prueba, sino la simple carga de la afirmación (cfr., más adelante, ns. 20-21).

20. Prueba de los hechos constitutivos del crédito

Hemos dicho que el acreedor debe probar mediante documentos la existencia a su favor de un derecho provisto de aquellos especiales requisitos (véase, anteriormente, ns. 6-15) que constituyen otros tantos presupuestos procesales especiales del procedimiento de inyunción. Para determinar cuáles sean en particular los hechos en que la prueba de esta existencia se concreta, es necesario buscar la respuesta en el artículo 1312 del Código civil, y más, dado el carácter incompleto de esta disposición, en las teorías, comúnmente aceptadas por la doctrina y por la jurisprudencia, en torno a la distribución de la carga de la prueba; esto es, rige también en el procedimiento de inyunción la regla de que al actor incumbe la carga de probar los hechos constitutivos específicos de su derecho, no, en cambio, los hechos constitutivos genéricos (o sea la falta de los llamados hechos impeditivos) y no la falta de hechos extintivos del derecho mismo[73]; y todas las soluciones particulares que de estos principios se han derivado para resolver controversias nacidas en el proceso ordinario, pueden ser aplicadas sin variaciones (en cuanto normas especiales no dispongan otra cosa) al proceso de inyunción[74].

En la prueba documental de los hechos constitutivos específicos del crédito está contenida naturalmente también la prueba de la fungibilidad y del carácter líquido de su objeto. Por lo que se refiere a la exigibilidad del mismo (véase, anteriormente, ns. 13-14), no corresponde al acreedor, que haya probado los hechos constitutivos específicos de su derecho, probar además, en todos los casos, que este derecho no está sometido ni a término ni a condición suspensiva; pero si de su demanda, o de la prueba de la existencia del crédito por él proporcionada, resulta la existencia de un término o de una condición, entonces deberá probar también, siempre mediante documentos, que el término ha transcurrido y que la condición se ha verificado[75] [76]

---

72 Cfr. en cuanto al proc. documental (*Urkundenprozess),* HELLWIG, *System,* t. II, pág. 56 (§ 251, I, 2).

73 CHIOVENDA, *Principii,* § 55; HELLWIG, *System,* I, § 157.

74 En cuanto al proceso documental, STEIN, *Urk. Pr.,* § 18, pág. 126.

75 Cfr. CHIOVENDA, *Principii,* págs. 793-794; en cuanto al proceso documental alemán, cfr. STEIN, *Urk. Pr.,* § 18, pág. 129, y *Komm.,* § 592; IV, 1; HELLWIG, *System,* t. II, § 251, I, 2, *b,* y nota 4 a página 58; en cuanto al *Mandatsv.* austríaco, NEUMANN, *Komm.,* t. II, pág. 1578, *c,* d.; OTT, trabajo citado, pág. 290

76 Un caso interesante, y que puede con frecuencia presentarse en la práctica, es el supuesto

Una disposición notable, desde el punto de vista de la carga de la prueba, es la del inciso 1° del artículo 1, que hemos ya examinado desde otro punto de vista (véase n. 14). Ya entonces se observó que si el cumplimiento de una obligación depende de una contraprestación a cumplirse precedentemente *(Vorleistung)*, el crédito no se hace exigible mientras esta prestación no haya sido cumplida; de manera que si de la prueba escrita proporcionada por el acreedor resultase una tal dependencia del crédito de la *precedente* contraprestación, la regla establecida más arriba a propósito de la prueba de la exigibilidad nos llevaría a concluir, sin necesidad de especial disposición de ley, que el acreedor, en este caso, estaría obligado, además, para demostrar la exigibilidad de su derecho, a probar mediante documentos haber cumplido ya anteriormente la contraprestación que está a su cargo[77]. A diversa conclusión deberemos llegar, si la ley expresamente no dispone otra cosa, en aquellos contratos bilaterales en los cuales las dos recíprocas obligaciones deben ser cumplidas simultáneamente, la una a cambio de la otra *(Leistung Zug um Zug)*; aquí, en efecto, la recíproca interdependencia de los dos créditos no quita a ninguno de los dos el requisito de la inmediata exigibilidad, y hace solamente nacer en el contratante a quien se exige el cumplimiento de su obligación el derecho de excepcionar al otro contratante la falta de ejecución de la contraprestación (*exceptio non adimpleti contractus*); de suerte que, aplicando las reglas comunes sobre la distribución de la carga de la prueba, el acreedor, que en el procedimiento de inyunción está obligado a dar la prueba escrita de los solos hechos constitutivos específicos de su derecho, no podría nunca estar obligado a probar preventivamente la ejecución de la contraprestación a su cargo (porque esta ejecución no es un hecho constitutivo de su crédito, sino que es un hecho extintivo del contraderecho correspondiente en vía de excepción al deudor)[78].

Ahora bien, mientras a esta conclusión se debería llegar aplicando los principios generales[79], es diferente lo que dispone el artículo 1, el cual,

---

por OTT (pág. 290) de un préstamo con interés, en el cual se haya convenido que la mora del prestatario en el pago de una cuota de intereses dé derecho al prestamista a pedir la inmediata restitución de todo el capital. Verificándose esta hipótesis, el mutuante que quiera valerse del procedimiento monitorio para obtener la restitución del capital ¿deberá probar la falta de pago de los intereses? Ott considera que no, porque, a su entender, no recae sobre el actor la prueba negativa de la falta de un hecho (pago regular de los intereses) que obstaculizaría, si existiese, su derecho a reclamar el capital entero. Pero yo creo que se debe seguir la solución contraria; el derecho del prestamista a obtener la restitución inmediata del capital ha nacido sometido a una condición suspensiva negativa ("si el prestatario no paga los intereses a su vencimiento"): corresponde, pues, al acreedor, si del contrato resulta esta condición, probar que la misma se ha verificado. No valdría oponer que, según el art. 1312, la prueba del pago incumbe al deudor; aquí el pago de los intereses, hecho en tiempo, no se toma en consideración como hecho extintivo del derecho del acreedor a obtener el pago de la cuota de intereses ya vencida, sino como hecho constitutivo específico de otro derecho, esto es, del derecho del acreedor a la restitución del capital; y como tal, debe ser probado por él.

77 HELLWIG, *System*, t. II, pág. 58 nota 4 cit.; STEIN, *Komm.*, § 592, IV, 3.

78 Sobre la naturaleza de verdadera excepción, en sentido sustancial, de la llamada *exceptio inadimpleti contractus*, cfr. CHIOVENDA, *Principii*, pág. 273.

79 A esta conclusión llegan, en efecto, los comentaristas del § 592 de la Z. P. O. alemana, que no contiene una disposición semejante a la del art. 1 del R. D. de 24 de julio de 1922;

siempre que resulte a favor del deudor la existencia de un derecho a una contraprestación, sobre el cual podría basar él una *exceptio inadimpleti contractus,* exige que el acreedor demuestre anticipadamente con prueba escrita que esta contraprestación "fue regularmente realizada". El artículo 1 atribuye así al acreedor la carga (de probar preventivamente un hecho que en el proceso ordinario estaría obligado a probar solamente en vía de réplica, en el caso de que el demandado planteara la *exceptio inadimpleti contractus;* esta anticipación de prueba, que asegura (con mucha probabilidad ya que no con absoluta certeza[80] que el procedimiento de inyunción no estará obstaculizado por las complicaciones derivadas de tal excepción, parece una desviación del principio fundamental que hace recaer sobre el actor la carga de probar los solos hechos constitutivos específicos de su derecho[81]; pero se justifica cuando se recuerda que la ejecución de la contraprestación, si no se puede considerar de modo alguno como un hecho constitutivo del crédito, es, sin embargo, considerada por la ley como un presupuesto procesal especial del procedimiento de inyunción, y *como tal,* debe ser probada por quien se quiera servir del procedimiento mismo.

21. *Prueba de los presupuestos procesales y de las condiciones de la acción en el procedimiento monitorio puro*

Hemos hablado hasta ahora de la prueba de los hechos relativos a la existencia del derecho de crédito alegado por el demandante; pero en el proceso no se toma en consideración solamente esta categoría de hechos. La existencia de un derecho sustancial constituye una de las condiciones de la acción de condena; pero para que la acción exista deben concurrir además las condiciones de la *legitimatio ad causam* y del interés, la existencia de las cuales puede concretarse en determinadas circunstancias de hecho. Por otra parte, a fin de que el juez pueda decidir el mérito, es necesario que la relación procesal esté válidamente constituida, o sea que existan en concreto aquellos hechos que la ley considera condiciones de validez de toda relación procesal (presupuestos procesales generales). Pues bien ¿en qué relación esta con estas categorías de hechos (relativos a la existencia de las otras condiciones de la

---

cfr. STEIN, *Urk. Pr.,* pág. 131; *Komm.,* § 592, IV, 3; HELLWIG, *System,* t. II, pág. 58, nota 4. En el *Mandatsverfahren* austríaco, en cambio, aun cuando en el mismo falte una disposición similar, la doctrina considera que un crédito condicionado a una contraprestación no puede ser hecho valer nunca; cfr. NEUMANN, t. II, pág. 1578; Ott, pág. 287.

80 No se excluye, en efecto, que el deudor, en sede de oposición, consiga demostrar que la contraprestación no fue válidamente cumplida y que, por consiguiente, el mismo puede defenderse aún con la *exceptio inadimpleti contractus.*

81 Una desviación semejante se tiene en el § 549 de la Z. P. O. austríaca, según el cual "en cuanto a los créditos, a los cuales podría ser opuesta la excepción de prescripción, la orden de pago puede ser emanada solamente cuando sea probada en la demanda, mediante documentos, la interrupción o la suspensión de la prescripción". Aquí, pues, se atribuye al actor la carga de probar preventivamente la inexistencia de un hecho extintivo (prescripción) del derecho alegado por él (OTT, trabajo cit., pág. 291); o sea, para decirlo mejor, la carga de probar preventivamente la existencia de un hecho extintivo (interrupción o suspensión) de aquel derecho de excepcionar la prescripción, que el demandado no ha hecho valer todavía.

acción, relativos a la existencia de los presupuestos procesales generales) la regla, propia del procedimiento monitorio puro, de que el acreedor, a falta de oposición del deudor, tiene la carga de afirmar, pero no, en cambio, la carga de probar, los hechos constitutivos de su crédito? Y ¿en qué relación está, con las expresadas categorías de hechos, la otra regla, propia del procedimiento monitorio documental, según la cual el demandante debe dar la prueba escrita de los hechos constitutivos de su crédito?

La respuesta a la primera pregunta no tiene nada de fácil; porque entran aquí en juego principios diversos y contrapuestos, entre los cuales es necesario encontrar una vía de coordinación y de conciliación. El principio fundamental del procedimiento monitorio puro es, como sabemos, éste: que los hechos afirmados por el demandante valen como verdaderos sin necesidad de prueba, en cuanto el deudor no niegue su verdad mediante oposición a la inyunción. Esta regla, sin embargo, no tiene eficacia más allá de los límites que el sistema probatorio civil señala al principio dispositivo: esto es, al proceso monitorio puro se puede adaptar sin reservas la norma, propia del derecho alemán (§ 331 de la Z. P. O.) y del derecho austríaco (§ 396 de la Z. P. O.), de que, en contumacia del demandado, los hechos afirmados por el actor valen como confesados, con tal que, lo mismo que respecto del proceso contumacial[82], dicha norma se refiera exclusivamente a aquellas solas categorías dé hechos cuya confesión tiene el efecto de vincular al juez; en tanto que esta norma carece de aplicación, también en el proceso monitorio, respecto de aquellos hechos que el juez tiene el deber de comprobar de oficio [83].

La regla, propia del proceso monitorio puro, según la cual los hechos afirmados por el acreedor valen, a falta de oposición, como verdaderos, no se extiende, pues, a los hechos concernientes a los presupuestos procesales, respecto de los cuales, en el proceso ordinario, está normalmente en vigor el principio de que el juez debe comprobar de oficio su existencia[84]; los poderes del juez en relación a la existencia de los presupuestos procesales generales no son diversos, en el procedimiento monitorio, de los poderes que el juez tiene a este fin en el procedimiento ordinario. Por tanto, si en la misma demanda del crédito se afirmase alguna circunstancia de hecho de la que pudiera derivarse la falta de un presupuesto procesal (si, por ejemplo, el mismo acreedor se declarase menor de edad y, por consiguiente, procesalmente incapaz), el juez debería, de oficio, poner de relieve esta falta y rechazar sin más la demanda; viceversa, si en el recurso el acreedor afirmase alguna circunstancia dirigida a demostrar la existencia de un presupuesto procesal, el juez no podría eximirse de valorar la eficacia de tal afirmación con el pretexto de que en el proceso monitorio los hechos afirmados por el acreedor se tienen por verdaderos mientras el deudor no se oponga; y, aun sin poder ordenar medios instructorios especiales, para constatar la verdad de tales afirmaciones[85], debería examinar

82 Cfr. en cuanto al proceso alemán, HELLWIG, *System*, § 198, II, 2, *b;* STEIN, *Grundriss*, § 69, III, 2 (cfr. también Z. P. O., § 335, I); en cuanto al proceso austríaco, NEUMANN *Komm.*, II, páginas 1237-1238.

83 *Cfr.* HELLWIG, System, *§ 143;* STEIN, Das private Wissen des Richters, *págs. 92 y sigs.*

84 CHIOVENDA, *Principii*, pág. 737.

85 CHIOVENDA, *Íbídem;* SCHMIDT, *Lehrbuch*, 2a ed., pág. 668, n. 3, citado por él.

de oficio la atendibilidad de las mismas y tomar en consideración esta simple afirmación en la misma medida en que la habría tomado en consideración en un procedimiento ordinario[86]. De donde resulta que si en el proceso ordinario estuviera prescrito que la existencia de un determinado presupuesto procesal deba resultar de escritura (por ejemplo, la procuración a*d litem.* art. 48 del Cód. proc. civ.), el juez no podría en el procedimiento monitorio (a falta de disposiciones especiales: por ejemplo, § 703 de la Z. P. O. alemana), contentarse con la simple afirmación del mismo.

Sin embargo, la regla, antes expuesta, por la cual, en materia de presupuestos procesales, el juez no está vinculado por la simple afirmación del acreedor, desaparece no solamente frente a aquellos defectos procesales que una expresa disposición de ley prohíbe al juez poner de relieve de oficio (por ejemplo, la incompetencia territorial, y las excepciones procesales en general), sino también en aquellos casos en los que el hecho del cual se puede derivar la existencia de un presupuesto procesal pertenezca a la relación de derecho sustancial de la que nace el crédito hecho valer por el demandante; dado que en cuanto a los hechos pertenecientes a la relación sustancial tiene pleno vigor el principio dispositivo, la simple afirmación del deudor es suficiente para considerarlos como verdaderos también a los efectos puramente procesales (veremos, a su tiempo, una aplicación de esta regla a la competencia absoluta, más adelante, en el n. 32).

Esta última consideración vale, en el procedimiento monitorio puro, también en cuanto a las condiciones de la acción diversas de la existencia del derecho *(legitimatio ad causam,* interés); en efecto, está en vigor también en cuanto a ellas el principio de que el juez debe poner de relieve de oficio su falta[87], pero solamente en cuanto los hechos en que tal falta se concreta se puedan deducir del tenor mismo del recurso. Si, por el contrario, el acreedor ha afirmado en su demanda, la existencia de hechos pertenecientes a la relación sustancial de los cuales —de ser verdaderos—, resultarían la legitimación activa y pasiva y el interés, el juez no tiene poder de valorar la veracidad de tales afirmaciones, porque se trata de hechos que, a falta de oposición del deudor, valen como confesados.

22. *Prueba de los presupuestos procesales y de las condiciones de la acción en el procedimiento monitorio documental*

Cuanto hemos dicho hasta ahora en torno a la prueba de los presupuestos procesales generales en el procedimiento monitorio puro, es aplicable sin limitaciones también al procedimiento monitorio documental; la disposición especial, propia de este tipo de procedimiento, que exige la prueba escrita

86 Oportunamente Stein, *Komm.*, § 691, I, 3, advierte que el examen de la existencia de los presupuestos procesales generales en el procedimiento monitorio "tiene lugar solamente en base al recurso, esto es, a las afirmaciones del acreedor, sin oír al deudor. Pero puesto que, en lo que se refiere a los presupuestos procesales estas afirmaciones podrían no parecer suficientes, es de interés para el acreedor aportar los correspondientes documentos, ya que de otro modo, cuando surjan dudas, la orden de pago no podrá pronunciarse"; cfr. también Goldenring, trabajo citado, pág. 472; Skedl, *ob. cit.*, pág. 152.

87 Chiovenda, *Principii,* § 5, VII.

de los hechos constitutivos del crédito no se extiende a los otros hechos de los cuales se deriva en general la validez de la relación procesal; así ocurre en cuanto al *Urkundenprozess* alemán[88] y en cuanto al *Mandatsverfahren* austríaco[89], y así debe entenderse también en cuanto a nuestro procedimiento de inyunción regulado por el R. D. de 24 de julio de 1922.

Más difícil se presenta, en cambio, en el proceso monitorio documental, la cuestión de la prueba de las condiciones de la acción; aun cuando el § 592 de la Z. P. O. alemana y el § 548 de la Z. P. O. austríaca se limiten a exigir, lo mismo que el artículo 1 de nuestro R. D. de 24 de julio de 1922, la prueba escrita de los hechos constitutivos del crédito (*Anspruch*) y no la prueba escrita de las condiciones de la acción, sin embargo, la doctrina parece inclinada a considerar que el acreedor, cuando quiera valerse del *Urkundenprozess* o del *Mandatsverfahren,* no podrá limitarse a probar por escrito la existencia de su crédito en el campo del derecho sustancial[90], sino que deberá, además, dar la prueba *escrita* de las otras condiciones necesarias para obtener en el proceso una sentencia de condena, dentro de los límites en que en el proceso ordinario recaería sobre él la carga de probarlas con cualquier medio de prueba. Esto vale especialmente en cuanto a la legitimación para accionar activa y pasiva (*legitimatio ad causam);* el ordenamiento procesal austríaco prescribe expresamente, en el § 549 (conf. art. 3 de la ley búlgara de 30 de noviembre de 1897) que cuando quien se vale del *Mandatsverfahren* acciona en calidad de sucesor (heredero, cesionario) del acreedor originario o contra el sucesor del obligado originario, debe probar *por escrito* no sólo la existencia de la relación jurídica inicial, sino también la posterior transmisión; pero, aun fuera de este caso expresamente contemplado por la ley, y aun bajo el imperio del ordenamiento alemán que no contiene una disposición semejante, la doctrina considera en general, como condición de admisibilidad del procedimiento documental, la prueba escrita de la legitimación, aun reconociendo que esta prueba, especialmente cuando se trata de legitimación pasiva, quita muchas veces todo carácter práctico a esta forma de procedimiento[91].

No creo útil, dada la índole de este trabajo, pasar revista, uno por uno, a todos los casos particulares que los escritores alemanes y austríacos agrupan bajo el concepto de legitimación[92]; tampoco creo que, a falta de disposiciones expresas, se pueda enunciar en nuestro derecho una regla general que sirva para resolver todos los casos posibles. A veces, en efecto, la prueba de la legitimación activa o pasiva se confunde con la prueba de la existencia del crédito; para probar que un crédito existe, es necesario también probar

---

88 Cfr. STEIN, *Komm.*, § 592, IV, 2, al final; § 595, IV; § 597, IV; y *Urk Pr.* § 18, V; HELLWIG, *System,* t. II, § 251, I, 2; y en el mismo § 251, II, 4, *c.*

89 OTT, *trabajo cit.*, pág. 291; NEUMANN, *Komm.*, t. II, página 1578.

90 Cfr. STEIN, *Urk. Pr.*, § 18, I, pág. 126. En el *Grundriss,* STEIN enseña que quien se quiere servir del *Urk. Pr.*, debe probar por escrito el *Klagegrund,* el cual comprende también la legitimación y el interés (cfr. § 46).

91 Cfr. STEIN, *Urk.*, Pr., pág. 127 y nota 5 (caso de una letra de cambio firmada por procurador), y pág. 130.

92 Cfr. STEIN, ***Komm.***, § 592, IV, 2; *Urk. Pr.*, pág. 127 y sigs.; *Grundriss,* § 112, II, 2; OTT, trabajo citado, págs. 289-290; NEUMANN, ***Komm.***, II, pág. 1578.

quiénes son, en concreto, independientemente del proceso, los sujetos de la correspondiente relación jurídica sustancial, y no hay duda de que esta prueba de la titularidad del crédito (que Hellwig, *System*, t. II, § 2 5 1,1, 2, *a, a,* llama *"die aktive und passive Rechtszuständigkeit*: la pertenencia activa y pasiva del derecho de crédito) figura entre los hechos constitutivos del mismo respecto de los cuales, en virtud del artículo 1 del R. D. del 24 de julio de 1922, el acreedor debe dar la prueba escrita (véase, anteriormente, n. 20).

Lo mismo se puede decir en los casos en que el crédito deriva de un negocio jurídico realizado por medio de un representante; aquí en tanto existe el crédito en cuanto existe el mandato; la prueba del cual está, por consiguiente, sujeta a las mismas normas que regulan la prueba de los otros hechos constitutivos del derecho[93]. Otras veces, por el contrario, la prueba de la legitimación se confunde con la de la sustitución procesal, o, según la teoría que se prefiere en torno a este instituto, de la representación procesal; de donde resulta que el decidir si se exige o no la prueba escrita puede depender del modo como se refleja en el caso concreto un mismo fenómeno, haciéndolo entrar en la categoría de las condiciones de la acción o en la de los presupuestos procesales.

La misma dificultad para enunciar una solución general se tiene en materia de interés de accionar; algún autor afirma explícitamente que entre los hechos de los que el acreedor debe dar, en el procedimiento documental, la prueba escrita no están comprendidos aquellos de los cuales se deriva la existencia del interés para accionar[94]; pero, por otra parte, muchas veces la prueba del interés para accionar constituye la misma cosa que la prueba de la exigibilidad del crédito, de que se ha hablado (en el n. 20).

Sin decir, pues, que muchas veces la cuestión de la legitimación o del interés para accionar es una mera cuestión de derecho; por lo que no es tampoco el caso de hablar de prueba en relación a estos dos puntos.

23. *Aplicación a los créditos de los profesionales jurídicos*

Sabemos ya que en cuanto a aquellas formas de procedimiento monitorio puro que tienen carácter privilegiado a favor de determinadas categorías de personas, la especial condición subjetiva del acreedor constituye un presupuesto procesal (véase, anteriormente, n. 16). La existencia de esta especial condición subjetiva debe ser, pues, probada (no solamente afirmada, porque es una circunstancia que escapa al principio dispositivo) por el acreedor[95] y verificada de oficio por el juez; el cual, sin embargo, en la mayor parte de los casos, encontrará motivo suficiente de certeza en la simple afirmación del acreedor, sea por el carácter oficial que tiene la inyunción emanada de la administración pública en los casos del procedimiento coactivo del texto unificado de 14 de abril de 1910, art. 3[96] sea en cuanto al hecho de que, en los casos de procedimiento monitorio según el artículo 379 del Código

93 Cfr. además de los autores citados en la nota anterior, Hellwig, *System* II, pág. 58.

94 *Rechtschutzgrund, Klageveranlassung:* cfr. Hellwig, *System*, § 251, I, 2, *a*, p; Stein, *Urk. Pr.*, pág. 129; Neumann, *Komm.*, t. II, pág. 1578.

95 Chiovenda, *Principii, pág.* 1193.

96 Cfr. mi *Rassegna* citada, pág. 217, n. 7.

de procedimiento civil, el juez, por lo general, conoce de oficio la condición profesional del acreedor y su pertenencia al colegio de los profesionales que ejercen en aquella circunscripción[97].

Pero, de acuerdo con el artículo 1 del R. D. de 24 de julio de 1922, los profesionales indicados por los artículos 103 y 379 del Código de procedimiento civil, pueden servirse en cuanto a sus créditos profesionales no solamente del procedimiento monitorio puro privilegiado, regulado por el mismo artículo 379 (ahora completado por el Decreto del Lugarteniente de 27 de octubre de 1918), sino también del procedimiento general de inyunción, introducido por el referido Decreto. Ahora bien, cabe preguntar: en los casos en que un acreedor, perteneciente a una de las categorías de profesionales enumeradas por los artículos 103 y 379 del Código de procedimiento civil, quiera servirse para un crédito profesional suyo, en lugar del procedimiento monitorio privilegiado, del procedimiento monitorio general introducido por el R. D. del 24 de julio de 1922, ¿deberá también él someterse a la disposición de este Decreto que exige, en los límites antes estudiados, la prueba escrita de los hechos constitutivos del crédito?

Según Indri[98], parecería que sí; en tal caso, la prueba escrita estaría constituida, en opinión de este autor, "por la nota que contenga la especificación de las prestaciones con el monto del crédito que se pretende". Pero en esta afirmación se encierra, evidentemente, al menos un error: el de creer que la minuta de las prestaciones profesionales, compilada por un abogado o por otro profesional perteneciente a las categorías del artículo 103 del Código de procedimiento civil, pueda constituir por sí misma una prueba escrita en el sentido querido por el R. D. de 24 de julio de 1922, esto es (cfr., más adelante, n. 23), un documento que haga prueba del crédito *a favor de aquel que lo ha redactado.* El principio singular, contenido en el artículo 48 del Código de comercio, según el cual los libros de comercio, llevados regularmente, pueden hacer prueba en juicio a favor de aquel que los ha llevado, no se extiende, que yo sepa, a los profesionales jurídicos; de donde deriva que los documentos provenientes de ellos en materia de prestaciones profesionales tienen, a los efectos probatorios, el valor de meras afirmaciones unilaterales, que caen bajo el antiguo principio según el cual "*perniciosum est ut ei scripturae credatur, qua unusquisque sibi adnotatione propria debitorem constituif*" (L. 7 C. *de prob.*, IV, 19).

Así pues, si también a los créditos profesionales, cuando se hayan hecho valer mediante el proceso de inyunción del R. D. de 24 de julio de 1922, se hubiera de aplicar la disposición de este decreto que exige la prueba escrita del crédito, la prueba que el profesional acreedor debería proporcionar al juez para obtener la inyunción no podría ser diversa y menos rigurosa que la pedida, en esta forma de procedimiento, para todos los otros créditos de naturaleza civil; esto es, el profesional civil debería, por referirnos al caso más frecuente y más obvio de prueba escrita, probar la existencia de un crédito líquido y exigible a su favor mediante documentos provenientes del cliente

97 Es un caso de aquella especie de notoriedad *(Gerichtskundigkeit)* que se verifica en cuanto a los hechos conocidos por el juez por razones de oficio; cfr. HELLWIG, *System*, § 205, 1, 5, *c, a).*

98 Trabajo cit., pág. 33; conforme COGLIOLO, T., en *Mon. Trib.*, pág. 34. Cfr. ahora Lucarini, *L'ingiunzione italiana*, n. 9.

deudor; lo que, como cualquiera comprende, haría la prueba sumamente difícil e impedirla prácticamente, en la mayor parte de los casos, a los profesionales jurídicos, servirse de esta forma del procedimiento de inyunción.

Pero yo creo que a la misma conclusión a la que llega Indri por una vía evidentemente equivocada, se puede llegar directamente, por otro camino; esto es, considerando que los profesionales jurídicos y asimilados, si en cuanto a sus créditos profesionales quieren servirse, en lugar del procedimiento del artículo 379 del Código de procedimiento civil, del procedimiento del R. D. de 24 de julio de 1922, sean exonerados, *también en esta segunda forma de procedimiento monitorio,* de proporcionar la prueba escrita del crédito. A esta conclusión me lleva, ante todo, el considerar que las razones por las cuales el legislador, movido de especial respeto por la condición profesional del acreedor, quiere con el artículo 379 del Código de procedimiento civil conceder a ciertas categorías de profesionales un procedimiento privilegiado para construir un título ejecutivo basado sobre la simple afirmación unilateral, subsisten sin variación aun después de la entrada en vigor del R. D. de 24 de julio de 1922, el cual no puede tener frente a las afirmaciones de los profesionales jurídicos y asimilados la misma desconfianza que, al exigir, en el primer párrafo del artículo 1, la prueba escrita del crédito, demuestra tener frente a las afirmaciones de los acreedores en general. En segundo lugar, la misma letra del artículo 1 hace comprender que el requisito de la prueba escrita, de que habla el primer párrafo, no se extiende a los créditos profesionales de que habla el último inciso, en el cual, mientras los párrafos anteriores se refieren al procedimiento de inyunción admitido para los créditos no profesionales "fundados sobre prueba escrita", se dice simplemente que "el mismo procedimiento puede ser usado para los créditos... profesionales, etc.", sin mención alguna del requisito de tal prueba; lo que demuestra que el carácter profesional del crédito sustituye aquí al requisito de la prueba escrita, siendo así que, de haber quedado sometidos también los créditos profesionales a esta condición, habría sido superfluo hacer especial referencia a los mismos.

En conclusión, en el inciso último del artículo 1 se da el singular fenómeno de un procedimiento monitorio documental (el cual difiere del procedimiento monitorio puro no sólo por las diversas condiciones de admisibilidad sino también por la diversa estructura ulterior[99]) y admitido excepcionalmente para créditos que no aparecen fundados sobre documento alguno[100].

24. *b) Concepto y eficacia de la prueba escrita*

Para terminar de hacer referencia a las cuestiones que pueden nacer en torno al requisito de la prueba escrita del crédito, resta decir algo respecto de las diversas categorías de documentos que el artículo 1 del R. D. de 24 de julio de 1922 quiere comprender bajo el concepto genérico de "prueba escrita".

La locución de "prueba escrita", empleada por este artículo, excluye, en

99 Cfr. anteriormente, ns. 9 y 12.

100 Cfr. sobre el tema, PARRELLA, *Il proc. mon. per i crediti dei professionisti legali,* en *Riv. dir. proc. civ.,* 1924, parte II, págs. 42 y sigs.; justamente el egregio autor (v. n. 26) considera el preventivo dictamen del Consejo de la orden de los Abogados como un presupuesto procesal especial de esta forma de procedimiento.

primer término, todos aquellos medios de prueba que, sin ser escrituras, corresponden, sin embargo, al concepto de documento en sentido lato[101], como podrían ser, por ejemplo, las muescas o cortes de contraseña del artículo 1332, que inexactamente nuestro Código civil hace entrar bajo el epígrafe *"de la prueba por escrito"*[102].

Pero, con tal que la prueba proporcionada tenga el carácter de una escritura inteligible para el juez[103], el artículo 1 de nuestro R. D. de 24 de julio de 1922 no exige, como el § 548 de la Z. P. O. austríaca y el artículo 2 de la ley búlgara de 30 de noviembre de 1897 para el *Mandatsverfahren,* que la prueba se dé sólo mediante determinadas categorías de documentos provistos de un más alto grado de atendibilidad (como serían, por ejemplo, los actos públicos o las escrituras privadas autenticadas[104]), sino que, a semejanza en esto del § 592 de la Z. P. O. alemana concerniente al *Urkundenprozess*[105], admite sin distinción en el proceso de inyunción todas las formas de prueba escrita que son en general admisibles en el proceso ordinario en contradictorio, y conserva para ellas el mismo grado de eficacia que cada una tendría en el proceso ordinario según la regla del derecho probatorio vigente. La frase, con la que termina el primer párrafo del artículo 1, de que la prueba escrita debe ser "válida según las normas del Código civil o del Código de comercio", se explica por el hecho de que en nuestro sistema legislativo las normas relativas a la admisibilidad y a su eficacia probatoria de los varios medios de prueba están contenidas en su mayor parte en los dos Códigos de derecho sustancial, y tiende, sobre todo, a hacer comprender que también en el proceso de inyunción se consiente en materia de pruebas aquella mayor amplitud que el Código de comercio consiente en cuanto a las obligaciones comerciales[106]; pero, ciertamente, no excluye que, cuando alguna otra regla de derecho probatorio esté contenida en los otros códigos o en leyes especiales, la misma sea aplicable en el proceso de inyunción en igual medida en que lo es en el proceso ordinario.

Durante las discusiones parlamentarias sobre el Proyecto de ley que se convirtió después en el R. D. de 24 de julio de 1922, el diputado Lucci[107]

101 Cfr. CHIOVENDA, *Principii,* pág. 842; CARNELUTTI, *Prova civile,* pág. 224.

102 .STEIN, *Urk. Pr.,* § 16, pág. 114.

103 103 Dado el principio de la libre apreciación de la prueba, no me parece que se puedan declarar inadmisibles *a priori* los documentos redactados en lengua extranjera o en caracteres convencionales o criptográficos diversos de los ordinarios (por ejemplo, en taquigrafía); si el juez está en grado de entender estos documentos no hay razón para impedir al acreedor servirse de ellos para pedir la inyunción. Podrá también unir a los documentos una traducción de un experto (pericia extrajudicial), valorable también por el juez a base de su libre apreciación.

104 Sobre los documentos cualificados del § 548 de la Z. P. O. austríaca, Cfr. POLLAK, *System,* t. II, pág. 604; NEUMANN, *Komm.,* t. II, pág. 1578; OTT, trabajo cit., págs. 287 y sigs.

105 Cfr. STEIN, *Urk. Pr.* § 16 cit.; *Komm.,* § 592, V.

106 Cfr. MORTARA, *Appendice.,* cit., pág. 76; *Comm.,* 4a. ed., vol. V, n. 560, pág. 775.

107 Actos de la Cámara de los Diputados, Discusiones de la Legislatura, *XXVI, Ses. 1a, 12 de mayo de 1922, pág. 4421.*

observaba que el significado de la locución "prueba escrita válida según las normas del Código civil o del Código de comercio" no era demasiado claro, porque, cuando este requisito de la "validez" se debiese entender en el sentido de "eficacia probatoria", podría parecer que el procedimiento de inyunción no fuera admisible sino cuando el acreedor pudiera basar su demanda sobre un documento que haga *plena prueba* por ley, como sería el acto público. Ahora bien, yo creo que esta duda, no del todo injustificada, se puede, sin embargo, disipar fácilmente si se reflexiona que el régimen de la prueba escrita en el procedimiento de inyunción no difiere en modo alguno del régimen que este medio de prueba tiene en el proceso ordinario: el juez en el proceso de inyunción se encuentra, frente a las pruebas escritas proporcionadas por el acreedor y la valoración de su eficacia probatoria, en condición idéntica a aquella en que se encuentra el juez en el proceso ordinario contumacial, frente a las pruebas escritas producidas, en contumacia del demandado, por el actor. Esto significa que cuando el juez en el proceso de inyunción se encuentra ante un documento que tiene el valor de una prueba *legal,* se debe limitar a verificar sus requisitos formales, sin poder entrar en la valoración de su atendibilidad intrínseca; mientras, si los documentos producidos por el acreedor no tienen una eficacia probatoria preestablecida por la ley, el juez podrá valorarlos a base de su libre apreciación en el mismo ámbito en que lo podría hacer en el proceso ordinario[108]; de suerte que no se debe excluir que también en el procedimiento de inyunción la prueba del crédito pueda ser dada mediante documentos que tengan cada uno la fuerza de un simple indicio, pero tales que determinen en el juez, a través de su aproximación, la convicción de la verdad del crédito[109].

Dado que en el proceso de inyunción las pruebas escritas están sometidas, en cuanto a sus requisitos extrínsecos así como en cuanto a su intrínseca eficacia probatoria, a las mismas reglas vigentes para el proceso ordinario, me parece superfluo entrar en una larga enumeración casuística, la cual debería necesariamente reducirse a reflejar, en cuanto al proceso de inyunción, cuestiones y soluciones ya conocidas; me limitaré, por tanto, a decir que también en el proceso de inyunción la prueba escrita puede estar constituida por actos públicos o por documentos privados, por documentos que tengan el valor de elementos de la relación jurídica sustancial (esto es, exigidos *ad substantiam actus)*[110] o bien un simple valor probatorio, de escritos provenientes de las partes en causa o de terceros[111]. En el caso de documentos privados, salvo cuando la ley excepcionalmente exija la autografía de todo el contexto, basta, a los efectos probatorios, la autenticidad de la suscripción; pero no se excluye que también en el proceso de inyunción la prueba escrita pueda estar constituida por documentos no suscritos, sobre todo por anotaciones contenidas en los libros comerciales[112]; o, en ciertos casos, por documentos no

108 Cfr. STEIN, ***Komm.,*** § 592, V; *Grundriss,* § 112, II, 2

109 Íd., § 592, V, 3.

110 Cfr., STEIN, *Urk. Pr.,* todo el § 17

111 Cfr. MORTARA, *Appendice,* cit., pág. 76, con ejemplos; HELLWIG, *System,* t. II, pág. 58, § 251, I, 2, *c*

112 *MORTARA,* Appendice, cit., *pág. 76; STEIN,* Urk. Pr., *pág. 115;* Komm., *§ 592, V, 1.*

manuscritos, sino, en todo o en parte, impresos o formados por otros medios de reproducción mecánica[113]. En cuanto a la prueba de la autenticidad de los documentos privados, considero aplicable al procedimiento de inyunción el principio establecido por el artículo 283 del Código de procedimiento civil: si el deudor no hace oposición, el documento producido por el acreedor se tiene por reconocido[114]. La prueba escrita puede estar constituida también por documentos provenientes del mismo acreedor, en aquellos casos en los que excepcionalmente (artículo 48 del Cód. de comercio) la ley admite que éstos hagan prueba a favor de aquel de quien provienen[115].

La prueba escrita del crédito exigida en el procedimiento de inyunción ¿podrá estar constituida por actos contractuales que tengan ya de por sí la eficacia de títulos ejecutivos, tales como los actos públicos o las letras de cambio?

Sería lícito tener alguna duda respecto de este punto, en cuanto, estando destinado el procedimiento monitorio a crear rápidamente un título ejecutivo, podría parecer que carecía de interés quien recurriese a este procedimiento para procurarse un título ejecutivo que ya tiene. Pero la misma consideración se podría hacer también para excluir que, a base de la letra de cambio o de acto público, se pueda llevar a la práctica un juicio ordinario de cognición; y, sin embargo, es sabido que el acreedor a base de letra de cambio o a base de acto público tiene siempre interés para accionar, e incluso *in executivis,* en la vía del proceso ordinario de cognición para obtener una sentencia de condena, que le da con la cosa juzgada una declaración de certeza mucho más inatacable que la declaración de certeza contractual, y la ventaja de poder inscribir la hipoteca judicial (art. 1970 del Cód. civ.). Lo mismo se puede decir (a falta de prohibición expresa en la ley[116]), en cuanto al procedimiento de inyunción: el

113 STEIN, *Urk. Pr.,* págs. 116-119 (por ejemplo, ofertas al público u otros avisos publicados en los periódicos; cédulas de acciones; etc.). También la prueba mediante telegrama es admisible en los límites y con los efectos establecidos por el art. 45 del Cód. de comercio.

114 Cfr., sin embargo, MORTARA, *Appendice,* cit., pág. 76 al final. El § 548 de la Z. P. O. austríaca exige que la prueba escrita sea dada con documentos "en original, de forma que no admita excepción" (cfr. NEUMANN, *Komm.,* t. II, págs. 1577-78); véase también §§ 593 y 595 de la Z. P O. alemana.

115 La repugnancia de los jueces a considerar como suficiente para el libramiento de la inyunción la prueba escrita sacada de los libros de comercio llevados regularmente (cfr. PERELLI-CIPPO, *Ostacoli fiscali al procedimento ingiunzionnle,* en "*Sole*", 15 de octubre de 1922) no me parece en modo alguno justificable. En cuando a la factura comercial (acerca de cuya fuerza probatoria, cfr., últimamente, NAVARRINI, *Trattato,* t. V, ns. 2080 y sigs. y la bibliografía allí citada) la misma puede bastar al juez para emitir la inyunción solamente si el acreedor da también la prueba escrita de la aceptación (art. 44 del Cód. de comercio).

116 Una expresa prohibición existe en cuanto a las letras de cambio, en el proceso monitorio puro del ordenamiento de Libia (art. 49; "Los créditos derivados de letras de cambio no admiten el procedimiento monitorio") a imitación de lo dispuesto en el derecho austríaco (ley de 27 de abril de 1873, § 1), el cual, teniendo para los créditos cambiarios un proceso especial (Z. P. O., §§ 555 y sigs.) quiere evitar las complicaciones que derivarían de la posibilidad de ejercitar simultáneamente en dos formas diversas procesales las distintas acciones nacidas de una misma letra de cambio (cfr. OTT, trabajo cit., pág. 313). En el *Mahnverfahren* alemán no existe una prohibición análoga (HELLWIG, *System,* t. II, pág.

acreedor, aunque esté ya provisto de título ejecutivo, tendrá siempre interés en obtener la inyunción judicial, la cual, según el artículo 6 del R. D. de 24 de julio de 1922, "es título para la hipoteca judicial" [117].

La doctrina alemana hace entrar en el concepto de prueba escrita, en relación al *Urkundenprozess,* también las actas de las pruebas simples recogidas en un proceso ordinario de cognición, como podría ser un acta de interrogatorio en que el deudor haya reconocido la existencia de los hechos constitutivos del crédito alegado contra él o el acta de prueba testimonial de la que resulte, según la libre apreciación del juez, la verdad de los mismos hechos[118]. La misma cuestión se podría presentar también en nuestro proceso de inyunción, cuando el acreedor basase su demanda de inyunción sobre actas de diligencias de prueba existentes, supongamos, en un proceso ordinario afectado de perención (art. 341 del Cód. proc. civ.) y creo que se debería resolver en sentido afirmativo, ya que las actas de diligencias probatorias nacidas en otro proceso, aun no siendo pruebas escritas en el sentido de pruebas preconstituidas[119], valen, sin embargo, para alcanzar el propósito por el cual en el proceso de inyunción se exige la prueba escrita del crédito, de dar al juez que debe librar la inyunción un cierto grado de certeza sobre el fundamento de la demanda con medios verificables *ictu oculi,* sin necesidad de instructoria y de contradictorio. Se podría también discutir si es lícito pedir la inyunción a base de una sentencia de declaración de mera certeza, que declare a favor del acreedor la existencia del crédito[120]; pienso que es preferible la opinión afirmativa, en cuanto se considere que la sentencia de declaración positiva de certeza puede ser, en ciertos casos, título para obtener una sentencia ulterior de condena sobre el mismo derecho al que se refiere la declaración[121].

71, se limita a advertir que el acreedor cambiario ordinariamente preferirá servirse del *Wechselprozess* de los §§ 602 y sigs. de la Z. P. O.); también la *Verordnung* de 9 de setiembre de 1915, § 15, ha adaptado el procedimiento monitorio puro a los créditos basados sobre letras de cambio o sobre pruebas escritas (cfr. Stein, *Grundriss,* pág. 229).

117 Ya en la relación al *Proyecto* ORLANDO, del 24 de mayo de 1909, se lee (pág. 19) que "dotando el decreto de inyunción de la idoneidad a la inscripción de la hipoteca judicial siempre que haya transcurrido el término útil para oponerse, considero que *el mismo prestará útiles servicios también a los poseedores de letras de cambio y de otros títulos ejecutivos contractuales, constreñidos hoy, para conseguir aquella finalidad, a seguir el camino más largo del procedimiento de declaración.* Para beneficio de ellos, el procedimiento de inyunción podrá eliminar con el tiempo, en medida más o menos amplia, el uso directo del título ejecutivo contractual, y especialmente del título cambiario... '. Las mismas consideraciones se leen en la relación al *Proyecto* MORTARA, del 16 de julio de 1919, pág. 3. El art. 255 de las propuestas recientemente publicadas por MORTARA establece, en absoluto, que el procedimiento de inyunción es aplicable "para conferir fuerza ejecutiva a las letras de cambio y a los otros títulos equiparados"; en torno a esta reforma, que aboliría el art. 323 del Cód. de comercio, cfr. *Diritto e precisa comm.,* 1923, III, pág. 92.

118 STEIN, *Urk. Pr.,* § 16, 5, pág. 121; *Komm.,* § 592, 3.

119 Cfr. CARNELUTTI, *Prova civile,* pág. 142.

120 120 En sentido positivo, STEIN, *Urk. Pr.,* pág. 124, nota 11; en contra, Weismann, *Feststellungsklage,* pág. 121.

121 121 Cfr. CHIOVENDA, *Principii,* pág. 176.

25. *Naturaleza de esta prueba en relación a los caracteres especiales del procedimiento*

Falta hacer alguna observación en torno al grado de certeza que el juez, en el proceso de inyunción, debe alcanzar mediante la prueba escrita que se le ofrece por el acreedor, así como en torno al carácter de presupuesto procesal que la prueba escrita tiene en esta forma de procedimiento.

Por lo que se refiere al primer punto, no se debe creer que la prueba del crédito pueda tener, como consecuencia del carácter unilateral del proceso de inyunción en su primera fase, la naturaleza de una prueba *atenuada,* de modo que baste, como en algunos casos que nuestra ley admite[122], una simple *justificación* (aunque sea, en nuestro caso, dada solamente mediante documentos) menos rigurosa que aquella prueba que sería necesaria en el proceso ordinario[123]. La prueba que el acreedor está obligado a proporcionar en el proceso de inyunción, debe ser tal que produzca en el juez (o porque las escrituras producidas tengan el carácter de pruebas legales, o porque el juez en virtud de su libre apreciación las considere atendibles) el mismo grado de certeza en torno a la verdad de los hechos constitutivos del crédito que el juez exigiría en el proceso ordinario para acoger, a falta de prueba contraria del demandado, la demanda del actor. La ventaja que, en relación a la prueba, el acreedor consigue en el procedimiento monitorio documental no consiste ya en una atenuación (o en absoluto en una abolición, como ocurre en el procedimiento monitorio puro) de la carga de probar, hasta convencer plenamente al juez, los hechos constitutivos del crédito[124]; consiste, eso sí, en el hecho de que, cuando el deudor no haga oposición, la prueba de estos hechos constitutivos está dada de un modo unilateral, sin que el juez pueda criticarla y valorarla a la luz de los resultados de la contraprueba adversaria.

En torno al segundo punto, se puede observar desde ahora que la prueba escrita tiene, en el proceso de inyunción, una doble función, casi diríamos una doble fisonomía, según que se la considere en su aspecto de presupuesto procesal especial de esta forma de procedimiento o según que, por el contrario, se la ponga en relación con el mérito de la controversia, esto es, con la cuestión de la existencia del crédito. Bajo el primer aspecto, la prueba escrita del crédito es solamente una condición de admisibilidad del procedimiento de inyunción, a falta de la cual el juez rechazará la demanda de inyunción no ya por el motivo de que el crédito no exista (o por el motivo, que en el proceso civil es el mismo[125], de que el crédito no esté probado), sino simplemente porque falta uno de los requisitos indispensables para hacer valer el crédito —cuya existencia y cuya declarabilidad de certeza en juicio, con otros medios de prueba, quedan sin prejuzgar— en esta forma especial de procedimiento. Pero, bajo otro aspecto, la prueba escrita del crédito tiene también una

---

122 LESSONA, ***Prove,*** 3a ed., t. I, n. 355 y sigs.; CHIOVENDA, ***Principii,*** pág. 811.

123 Acerca de estos casos de *justificación,* que la doctrina alemana conoce bajo el nombre de *Glaubhaftmachung, Bescheinigung,* cfr. HELLWIG, *System,* I, § 206, I; POLLAK, *System,* t. II, págs. 561-562.

124 Cuestión ya debatida en el derecho común: Cfr. POLLAK, *System,* t. II, pág. 598, nota 5.

125 STEIN, *Urk. Proz.,* pág. 78; WACH, *Handbuch,* pág. 23, nota 27.

directa repercusión sobre la decisión de mérito: en efecto, cuando en el proceso de inyunción el juez reconoce que el requisito de la prueba escrita del crédito ha sido, en unión de los otros presupuestos procesales, satisfecho por el acreedor, y que, por consecuencia, éste puede ser admitido a valerse del procedimiento especial que se inicia con la emanación de la inyunción, viene con ello a cumplir, al mismo tiempo, un juicio de mérito, aun cuando pueda ser anticipado e hipotético, sobre el carácter concluyente de la prueba proporcionada por el acreedor, en cuanto considera que, si el deudor no hace oposición y no destruye en la segunda fase del procedimiento la eficacia de la prueba ya proporcionada por el acreedor, la existencia del crédito quedará definitivamente constatada. El reconocer que en el caso concreto el procedimiento de inyunción es admisible porque existe la prueba escrita del crédito (juicio sobre la existencia de un presupuesto procesal) significa, pues, normalmente, reconocer que el acreedor, siempre que después se verifique a su favor la preclusión de la oposición ha probado tener razón en mérito (juicio sobre la existencia de la acción de condena); pero esta normal coincidencia de los dos juicios no es una razón suficiente para negar al requisito de la prueba escrita el carácter de presupuesto procesal especial; en efecto, puede haber algunos casos (y aparecerían mejor a quien estudiase la naturaleza de la inyunción y sobre todo la naturaleza de la decisión con que el juez rechaza la demanda de inyunción) en que el juez, aun reconociendo que el requisito de la prueba escrita de los hechos sobre los cuales el crédito basa su demanda estaría plenamente satisfecho a los efectos procesales y que, por consiguiente, el procedimiento de inyunción sería formalmente admisible, rechaza, sin embargo, la demanda de inyunción porque de estos hechos probados por escrito no derivan las consecuencias jurídicas (acción de condena) que el acreedor pretende: como ocurriría, por ejemplo, en el caso de que el acreedor apoyase su demanda de inyunción sobre hechos, regularmente probados por escrito, de los cuales se pudiera derivar solamente la existencia a su favor de una obligación natural.

§ VII. - 26. INTRODUCCIÓN Y DIVISIÓN

Debo añadir ahora, para completar la exposición, algunas observaciones sobre los presupuestos procesales *generales*[126], esto es, sobre las condiciones de admisibilidad que no son propias y exclusivas del procedimiento de inyunción, sino que son comunes también al procedimiento ordinario en contradictorio. Me detendré, naturalmente, sólo en aquellas que presenten, en cuanto al procedimiento monitorio, alguna divergencia respecto de la regla del procedimiento ordinario; esto es: *A)* sobre la *competencia; B)* sobre la *recusación y* la *abstención;* C) sobre la *representación; D)* sobre las *excepciones procesales.*

126 Cfr., en cuanto al procedimiento monitorio del art. 379 del Cód. proc. civ., CHIOVENDA, *Principii*, pág. 1196; STEIN, *Komm.*, § 691, I, 1.

§ VIII. *A)* LA COMPETENCIA

27. *Sistema adoptado por el R. D. de 24 de julio de 1922 y comparación con el sistema de otras legislaciones*

La ley procesal alemana establece que el procedimiento monitorio se lleve siempre, cualquiera que sea el valor del crédito, ante el órgano judicial que, tratándose de cognición ordinaria, es competente solamente para conocer de las causas de valor mínimo, esto es, ante el *Amtsgericht*[127]; esta competencia funcional especial[128], sin relación al valor de la demanda, ha sido aconsejada no sólo por la oportunidad de confiar el procedimiento monitorio —cuyos principales méritos deberían ser la simplicidad y la celeridad— al juez que se encuentra más próximo al litigante y en mejores condiciones de proveer con formas simples, sino, además, por la consideración de que, faltando en la primera fase del procedimiento monitorio una cognición a fondo del mérito, no se puede decir que el oficio de emanar órdenes, de pago presente para el juez un grado de dificultad y de importancia creciente con el aumento del valor del crédito[129]. Pero, frente a estos méritos, el sistema adoptado por la ley alemana tiene el grave defecto de dar lugar a complicaciones en los casos en que, en virtud de la oposición presentada por el demandado, el procedimiento monitorio se convierte en un procedimiento ordinario: en efecto, debiéndose desarrollar la fase en contradictorio ante el juez normalmente competente por razón del valor, se produce la necesidad de remitir la controversia al juez superior *(Landgericht.* cfr. Z. P. O., § 697), en todos los casos en que el crédito supere los límites de la competencia ordinaria por razón del valor del *Amtsgericht.*

127 Z. P. O. alemana, § 689: "Es competente el *Amtsgericht* que sería competente para conocer de la acción propuesta con el procedimiento ordinario, si los *Amtsgerichte* fuesen competentes en primera instancia sin límite de valor (*sachlich unbeschränkt)*". También según la ley austríaca de 27 de abril de 1873, § 2, la competencia sobre el procedimiento monitorio está confiada exclusivamente a los *Bezirksgerichten*; en cuanto a los límites de valor dentro de los cuales, después de la G. E. N. de 1° de junio de 1914, el procedimiento monitorio está admitido en Austria según las últimas novelas, cfr. HERMANN, *Die Zivilprozessnovellen* (Wien, 1923).

128 HELLWIG, *System,* t. II, § 253, III, 1, *a)* ve aquí un caso de competencia funcional. Esto es perfectamente exacto si se considera el procedimiento monitorio como un procedimiento que sirve para hacer valer la acción ordinaria de condena (no una acción especial sumaria): en tal caso, puesto que la concreta voluntad de ley que se hace valer mediante el procedimiento monitorio es la misma que se podría hacer valer mediante el ordinario procedimiento en contradictorio, la competencia especial del *Amtsgericht* no se basa sobre la diversidad cualitativa del objeto del proceso (diversidad de la acción: competencia *por razón de la materia),* sino sobre la diversa función que el *Amtsgericht* ejerce, actuando con un procedimiento especial la misma voluntad de ley que puede ser actuada también con el procedimiento en contradictorio del juez competente por razón del valor (Cfr. CHIOVENDA, *Principii,* pág. 525). Si se admitiese, contrariamente a lo que yo pienso, la existencia de una acción especial sumaria, de la que el procedimiento monitorio sería el instrumento, la competencia del *Amtsgericht* se debe considerar como un caso de competencia *por razón de la materia,* análoga a la de nuestro Pretor para emitir las providencias cautelares especiales de los ns. 2 y 3 del art. 82.

129 GOLDENRING, trabajo cit., pág. 462.

Considero, por eso, preferible el sistema adoptado por el legislador italiano[130] el cual, para evitar este fraccionamiento de un mismo proceso ante dos órganos judiciales diversos, ha establecido (aproximándose también en esto al *Mandatsverfahren* austríaco) [131] que el procedimiento de inyunción se inicia desde la primera fase ante aquel órgano judicial que, en caso de oposición por parte del deudor, será competente por razón del valor para decidir la segunda fase en contradictorio: "la demanda se propone —dispone, en efecto, el artículo 3 del R. D. de 24 de julio de 1922— al conciliador, al pretor, o al presidente del tribunal *que*[132] sería respectivamente competente, por razón del valor y por razón del territorio, según las normas del Código de procedimiento civil, para conocer de la acción de pago, observada, cuando sea necesario, la regla del artículo 98 del indicado código".

28. *Observaciones sobre la competencia por razón del valor*

Se aplican, pues, al procedimiento de inyunción las reglas generales de competencia por razón del valor contenidas en el Código de procedimiento civil (con las modificaciones introducidas, a partir del 1° de enero de 1924, por la ley de 15 de setiembre de 1922 y por el R. D. posterior de 20 de septiembre de 1922[133]) según las cuales los procedimientos ordinarios de cognición se distribuyen, a base del monto de la demanda, entre los tres jueces ordinarios de primer grado (conciliador, pretor, tribunal) existentes en nuestro ordenamiento, con la sola diferencia de que cuando el valor del crédito corresponde a la competencia del tribunal, órgano colegiado, la primera fase del procedimiento de inyunción se desarrolla ante el presidente solo[134].

Aplicables al procedimiento de inyunción son igualmente, en cuanto son conciliables con la naturaleza de los créditos a los cuales este procedimiento está reservado, las reglas dictadas por el Código de procedimiento civil para determinar el valor de la causa (arts. 72, 73 y 74); conviene observar a este respecto que, en los casos en que el crédito tenga por objeto una cantidad de mercaderías, frutos o cosas fungibles, la determinación de su valor pecuniario se facilita por la disposición del artículo 3, según la cual "debe ser expresada en el recurso la suma en dinero que el acreedor considera equivalente y que está

130 En conformidad con el art. 3 del *Proyecto* MORTARA, de julio de 1919, diversamente en cuanto al *Proyecto* ORLANDO, el cual establecía para el procedimiento monitorio una competencia especial sin límite de valor del Pretor (o del Conciliador: art. 23).

131 Z. P. O., austríaca, § 558; cfr. POLLAK, *System*, § 124.

132 132. No es inútil advertir que este "que" el cual gramaticalmente parecería referirse, además de al conciliador y al pretor, también *"al presidente* del tribunal" se debe, por el contrario, entender como referido, además de al conciliador y al pretor, *al tribunal* (órgano colegiado). No es inútil advertir que este "que" el cual gramaticalmente parecería referirse, además de al conciliador y al pretor, también *"al presidente* del tribunal" se debe, por el contrario, entender como referido, además de al conciliador y al pretor, *al tribunal* (órgano colegiado).

133 .Cfr. MORTARA, *Appendice*, pág. 83.

134 .Cfr. en cuanto al procedimiento monitorio del art. 379 del Cód. de proc. civ., CHIOVENDA, *Principii*, pág. 1193; DIANA, *Le funzioni del presidente*, págs. 46, 48 y sigs.

dispuesto a aceptar en lugar de la prestación también como consecuencia de la ejecución forzada". Esta disposición, cuya última finalidad, acerca de la que ya se discurrió (en la primera parte, n. 10), es la de preparar preventivamente un título ejecutivo completo, sirve además para evitar que el juez, al cual se pide la inyunción, se vea constreñido a una no siempre fácil valoración preliminar de la demanda al objeto de determinar la competencia; la misma debe ser puesta, por eso, en relación con las disposiciones análogas del Código de procedimiento civil, que, en materia de competencia, se dirigen a alcanzar el mismo propósito (arts. 78 y 80 del Cód. procedimiento civil).

Naturalmente, no se excluye que la competencia por razón del valor, afirmada por el juez en la primera fase a base de la suma determinada en el recurso, pueda ser después negada en virtud de la oposición del deudor[135], el cual, impugnando el valor declarado por el demandante, consiga demostrar que el valor de la demanda no entra dentro de los límites de la competencia por razón del valor propia del juez que ha emitido la inyunción (cfr., arts. 78 y 80 del Cód. proc. civ.; art. 13, primera parte, del R. D. del 24 de julio de 1922); de una manera análoga, el juez que se ha considerado competente por razón del valor para emitir la inyunción, podrá después declararse incompetente cuando el deudor, al hacer oposición, niegue la obligación entera, de la que la suma pedida por el acreedor "sea parte y no residuo" (art. 72 del Cód. proc. civ.). En estos casos, se tratará siempre de incompetencia *originaria*, no de incompetencia sobrevenida[136].

En la hipótesis de acumulación objetiva o subjetiva (para cuya admisibilidad también en el procedimiento de inyunción[137] es posible encontrar argumentos seguros bien en el inciso último del artículo 1, que prevé el caso de acumulación objetiva de varios créditos en un recurso único, bien en el artículo 3, que expresamente hace referencia al artículo 98 del Código de procedimiento civil, concerniente a un caso de acumulación subjetiva, ya, en fin, en el artículo 5 el cual habla de la notificación de la inyunción "al deudor o *a los deudores*") el valor de la demanda, a los efectos de la competencia, se determinará a base de los artículos 73 y 74 del Código de procedimiento civil.

29. *Observaciones sobre la competencia por razón de la materia*

Se comprende que la disposición del artículo 3 —la cual atribuye al conciliador, al pretor y al tribunal la competencia sobre el procedimiento monitorio dentro de los mismos límites de valor en que estos órganos son competentes respectivamente cuando se trata de los procedimientos ordinarios de cognición— tiene vigor solamente en cuanto el derecho que

135 Cfr. MORTARA, *Appendice*, cit., pág. 87; HELLWIG, *System*, II, § 254, II, 3, *a)*.

136 Cfr., en cuanto a la diferencia, CHIOVENDA, *Principii*, pág. 491.

137 El art. 50 inciso último del ordenamiento de Libia admite expresamente la acumulación objetiva disponiendo que "en cuanto a varios créditos del mismo acreedor contra el mismo deudor, aunque no sean conexos entre sí, puede pedirse la emanación de la orden de pago con la misma instancia, cuando el monto total de los mismos no exceda de la suma de 500 liras"; tal disposición está traducida casi literalmente del § 4, inciso último, de la ley austríaca de 27 de abril de 1873. En cuanto al derecho alemán, cfr. STEIN, *Komm.*, § 689, III, SKEDL, *Mahnverf.*, págs. 110 y 153.

el acreedor quiere hacer valer mediante el procedimiento monitorio no esté excluido *por razón de la materia* de la competencia ordinaria de los indicados órganos.

Por la misma razón están absolutamente excluidas de la vía del procedimiento de inyunción aquellas acciones cuya cognición está reservada a órganos jurisdiccionales *especiales*; en tales casos la inyunción no puede ser pronunciada por el juez ordinario que sería competente por razón del valor, porque le falta, en el caso concreto, la competencia por razón de la materia; no puede ser emitida por el juez especial, porque, según el artículo 3 del R. D. de 24 de julio de 1922, el procedimiento de inyunción está reservado exclusivamente a los jueces ordinarios. Así, por ejemplo, no pueden nunca ser hechas valer por vía de inyunción las acciones que nacen de relaciones de trabajo entre operarios y empresarios, cuando la cognición sobre las mismas corresponda a la competencia especial de los *probiviri* industriales[138].

30. Observaciones sobre la competencia territorial

Las normas del Código de procedimiento civil se aplican al procedimiento de inyunción también en materia de competencia *territorial* (art. 3, cit.); y esto no solamente en cuanto a las normas concernientes al fuero general (*forum rei:* art. 90 Cód. proc. civ.) sino también en cuanto a las concernientes a los varios fueros *especiales* permitidos por la ley respecto de aquellas acciones que pueden ser ejercitadas mediante el procedimiento monitorio[139]. Todas las veces en que la ley deja al actor la elección entre varios fueros concurrentes, el procedimiento de inyunción podrá, pues, a elección del acreedor, ser iniciado ante uno cualquiera de ellos; esto tiene importancia práctica especialmente en cuanto al inciso del artículo 91 del Código de procedimiento civil, concerniente a las materias comerciales[140]. Vale también para el procedimiento de inyunción el fuero convencional derivado de la elección de domicilio (arts 40 y 95 del Cód. proc. civ.).

Son aplicables a los procedimientos de inyunción, en cuanto sean compatibles con la naturaleza de los créditos que están reservados a esta forma de procedimiento, las derogaciones a las reglas normales de competencia territorial que el Código de procedimiento civil admite por razón de conexión de la causa. El artículo 3 del R. D. de 24 de julio de 1922 se refiere expresamente al artículo 98 del Código de procedimiento civil relativo al forum en caso de litisconsorcio pasiva (por ejemplo, en el caso de una obligación divisible a favor de un solo acreedor contra varios deudores domiciliados en diversas circunscripciones judiciales, el procedimiento de inyunción puede ser, a

138 Cfr. STEIN, *Komm.*, § 689, inciso 1; OTT, trabajo citado, pág. 314.

139 Así, después de las novelas de 1898 y de 1909, también en el derecho alemán; cfr. STEIN, *Komm.*, § 689, II.

140 No me parece, en cambio, que se pueda extender al procedimiento monitorio la primera parte del art. 91, cuya aplicación a las materias civiles está subordinada a la condición de que el demandado sea citado "allí en persona propia", sin que quepa decir que a la notificación de la citación podría equivaler la notificación de la inyunción al deudor hecha igualmente "allí en persona propia", porque la notificación de la inyunción es siempre posterior a la emanación de la misma, y el juez no está, por consiguiente, nunca en grado de verificar cuando decide sobre la competencia, si la condición ha sido cumplida.

elección del acreedor, iniciado contra todos los deudores ante un solo juez [[141]]); pero no se debe excluir que en algún caso pueda presentarse la oportunidad de aplicar al procedimiento de inyunción también el artículo 99. Se comprende, pues, que los casos de competencia por conexión que tienen origen en una excepción del demandado (arts. 100-102 del Código proc. civ.) no pueden nunca presentarse en la primera fase del procedimiento de inyunción, sino sólo en virtud de oposición del deudor en la fase en contradictorio, la cual, también en cuanto a la competencia por conexión, está regulada por todas las disposiciones concernientes al procedimiento ordinario.

31. *Aplicaciones a los créditos de los profesionales jurídicos*

Hemos tenido ya ocasión de examinar, desde diversos puntos de vista, la disposición del artículo 1, inciso último, del R. D. de 24 de julio de 1922, la cual permite a los abogados y a los otros profesionales enumerados por el artículo 103 del Código de procedimiento civil servirse en cuanto a sus créditos profesionales del procedimiento general de inyunción, en lugar del procedimiento del artículo 379 del Código de procedimiento civil.

Esta disposición merece ser objeto de examen también desde el punto de vista de la competencia, especialmente en relación a lo dispuesto por el artículo 103 del Código de procedimiento civil. Antes del R. D. de 24 de julio de 1922, se discutía en la doctrina si el procedimiento monitorio especial admitido por el artículo 379 podía ser usado para créditos derivados de prestaciones profesionales extrajudiciales[142]; y quienes seguían la opinión afirmativa enseñaban que, mientras en cuanto a los créditos derivados de prestaciones judiciales el procedimiento monitorio debía llevarse siempre, según el artículo 103, al juez ante el cual fue promovida la causa que dio ocasión a tales prestaciones (competencia *funcional* y, por consiguiente, inderogable[143]), en cuanto a los créditos extrajudiciales se debían seguir las reglas ordinarias de competencia por razón del valor y del territorio[144].

La disposición del artículo 1, inciso último, antes citada, la cual permite a los profesionales legales valerse del nuevo procedimiento de inyunción en cuanto a sus créditos profesionales, sin distinguir si tienen origen judicial o extrajudicial, no significa variaciones a cuanto la doctrina antes recordada enseñaba en materia de competencia por créditos profesionales extrajudiciales; introduce, en cambio, una notable innovación acerca de la determinación del juez competente para conocer de los créditos profesionales judiciales;

141 En el derecho alemán, en un caso semejante, debe también, en cuanto al procedimiento monitorio, determinarse preventivamente el fuero competente por el juez inmediatamente superior (Z. P. O., § 36, n. 3); cfr. HELLWIG, *System,* t. II, § 253. III, 1, a); STEIN, *Komm.,* § 689, III. Si en cuanto a un mismo crédito o en cuanto a varios créditos conexos se pide la inyunción a jueces diversos por diferentes interesados, la competencia se regulará, cuando el deudor haga oposición, ajustándose al art. 104 del Cód. proc. civ. Puede tener lugar también aquí la regulación de competencia de los arts. 108 y sigs.

142 Cfr. Chiovenda, ***Principii,*** pág. 215.

143 Cfr. CHIOVENDA, ***Principii,*** págs. 533-34, 566 y 1193.

144 CHIOVENDA, *Principii,* pág. 1193.

en efecto, el profesional jurídico que quiera valerse del procedimiento de inyunción para obtener del cliente el pago de gastos y honorarios ocasionados por una "causa", no estará ya obligado, de ahora en adelante, a llevar su acción ante la autoridad judicial que conoció de esta causa, sino que podrá llevarla ante aquella autoridad judicial que sería competente para conocer de esta acción según las reglas ordinarias de la competencia por territorio y por valor, con independencia de la regla del artículo 103 (art. 1, inc. último, en relación con el art. 3).

El último período del artículo 1 contempla también el caso de varios créditos de un mismo profesional contra un mismo cliente, dependientes "de prestaciones en causas, negocios o procedimientos diversos, aun ante diversas jurisdicciones" y admite que los mismos puedan ser hechos valer mediante una sola demanda *(acumulación objetiva)* propuesta a la autoridad judicial[145], normalmente competente por razón del valor o por razón del territorio. El valor de la demanda se determinará según el artículo 73. El fuero territorialmente competente será en este caso el fuero general del deudor (art. 90)[146]; aun cuando los varios créditos acumulados deriven de prestaciones en causas tratadas ante órganos judiciales diversos por razón del grado y del territorio, no podría la acumulación ser llevada, en lugar de al fuero general, a uno de los fueros especiales determinados para cada causa por el artículo 103[147]. El criterio funcional de accesoriedad que se encuentra como base del artículo 103 se limita, naturalmente, al solo crédito derivado de la causa principal; de suerte que si el profesional quiere seguir la regla de competencia contenida en el artículo 103, deberá proponer tantas demandas separadas cuantas sean las varias autoridades judiciales que han decidido las diversas causas principales. En la hipótesis de un crédito profesional frente a varios deudores (por ejemplo, el crédito de un abogado que ha defendido en un solo proceso a varios litisconsortes) podrá aplicarse también útilmente el artículo 98.

Apenas si es necesario señalar, como por lo demás aparece ya de lo que hemos dicho, que los profesionales jurídicos tienen, en virtud del artículo 1, inciso último, del R. D. de 24 de julio de 1922, facultad, no obligación, de

145 Obsérvese la inexactitud de la locución contenida en el inciso último del art. 1, el cual dispone que "la demanda puede ser propuesta con un solo escrito *al Presidente del Tribunal* competente según la norma del art. 3"; mientras que cuando el crédito por prestaciones profesionales no alcanza el límite mínimo de la competencia por razón del valor del Tribunal, la demanda, según la norma del art. 3, deberá ser propuesta al conciliador o al Pretor, según las reglas generales de la competencia por razón del valor. No me parece que la locución del art. 1 se pueda interpretar en el sentido de que la acumulación objetiva deba llevarse siempre ante el Tribunal, aun cuando, aplicando la regla del art. 73, perteneciera por razón del valor, a la competencia de un Conciliador o de un Pretor: en efecto, el art. 1 habla del "presidente del Tribunal competente *según la norma del art.* 3"; pero según el art. 3 del Tribunal es competente solamente en los límites de valor establecidos por el Código de procedimiento, y, por consiguiente, en el caso de una acumulación objetiva, sólo si los créditos acumulados, tomado cada uno separadamente, están comprendidos en la competencia por razón del valor propia del Tribunal (se aplica también aquí el art. 3 de la ley de 15 de setiembre de 1922).

146 INDRI, Il procedimento d'ingiuzione, *pág. 34.*

147 MORTARA, *Appendice,* cit., págs. 80-81; *Comm.,* 4a ed., vol. V, n. 559 al final.

servirse en cuanto a sus créditos profesionales del procedimiento de inyunción general en lugar de servirse del procedimiento monitorio privilegiado del artículo 379 [148]; según que elijan una u otra vía, deberán someterse a las reglas especiales propias de una u otra forma de procedimiento[149].

32. *Sobre los poderes del juez en relación a la competencia*

Para aclarar cada vez mejor la estructura del procedimiento de inyunción, convendrá decir alguna cosa de los poderes que en la primera fase de este procedimiento el juez tiene para verificar preliminarmente la propia competencia (art. 4 del R. D. de 24 de julio de 1922); ya tuve ocasión de tratar (en los ns. 21-22) de los poderes que el juez tiene en el procedimiento monitorio para verificar la existencia de los presupuestos procesales en general; pero como el examen de este problema en relación a la competencia puede proporcionar útiles aclaraciones en torno a la naturaleza (absoluta o relativa) de la competencia misma y en torno a algunas cuestiones exegéticas que ya se han planteado respecto de este tema, considero útil volver sobre el mismo.

Sabido es que, según el artículo 187 del Código de procedimiento civil, la autoridad judicial está obligada a declarar *de oficio* la propia incompetencia por razón de la materia o del valor; y que la misma regla está en vigor en cuanto a la incompetencia funcional[150]. No hay duda, por eso, de que cuando en el mismo recurso con que el acreedor pide que se libre la inyunción estuvieran contenidos elementos tales que el juez pudiera derivar de ellos, sin otra investigación, la propia incompetencia por razón de la materia o del valor o por razón funcional (así, por ejemplo, si el demandante pidiese al pretor que librase la inyunción por un crédito derivado de relaciones de trabajo entre empresario y operario, en materia reservada a la jurisdicción de los *probiviri*; si la suma demandada excediese el límite máximo de competencia por razón del valor del juez al que se pide; si el recurso para obtener la inyunción

148 Cfr. Apelación de Bolonia, 14 de mayo de 1924, en *Foro it.*, 1924, I, 998. Acerca de las ventajas comparativas de los dos procedimientos, cfr. MORTARA, *Appendice*, cit., pág. 81.

149 Nada impide a los profesionales jurídicos recurrir, para el pago de sus créditos profesionales, en lugar de al procedimiento monitorio del art. 379 o al procedimiento de inyunción del R. D. de 24 de julio de 1922, al procedimiento ordinario en contradictorio (cfr. art. 379, inciso último). En tal hipótesis ¿cuál será el juez competente? Antes del R. D. de 24 de julio de 1922, la competencia en esta materia estaba inderogablemente fijada por el art. 103, que habla en general de "acciones para el pago", sin limitarse al pago de que tales acciones sean propuestas en la forma del art. 379; pero después de la entrada en vigor del mencionado decreto, el cual permite a los profesionales seguir las reglas de la competencia ordinaria para el procedimiento de inyunción, que después, si el deudor se opone, puede transformarse en un procedimiento ordinario en contradictorio, me parece que se debe reconocer a los mismos profesionales la facultad de iniciar directamente el procedimiento en contradictorio prescindiendo del art. 103. A diversa solución se debería llegar si se admitiese que el procedimiento de inyunción fuera, en lugar de un medio para hacer valer la acción ordinaria de condena, la expresión de una acción sumaria especial (porque en tal caso la regla del art. 103 seguiría siendo inderogable en cuanto a las acciones ordinarias de condena).

150 Cfr. CHIOVENDA, ***Principii*** pág. 487.

fuese presentado a una Corte de apelación; etc.), el juez estaría obligado a declararse, de oficio, incompetente.

Pero una cosa es el poder del juez de poner de relieve de oficio la propia incompetencia, *cuando los elementos para ello resulten de la misma demanda,* y otra es el poder de disponer de oficio indagaciones para constatar si son verdaderas las afirmaciones de hecho contenidas en la demanda, de las cuales resulta aparentemente la competencia. Este segundo poder no creo que se pueda reconocer al juez investido del procedimiento de inyunción, ni siquiera por lo que se refiere a la declaración de la competencia absoluta (en cuanto a la competencia relativa, véase más adelante, n. 35); no sólo porque es regla general también en el proceso ordinario que los poderes del juez al declarar la existencia de la relación procesal están limitados a las resultancias de los autos sino porque el principio fundamental[151] del procedimiento monitorio puro de que los hechos afirmados por el acreedor se tienen por verdaderos y propios mientras el deudor no los niegue en sede de oposición, vale también en cuanto a los hechos concernientes a la existencia de los presupuestos procesales verificables de oficio, como sería, precisamente, la competencia absoluta, todas las veces en que estos hechos sean al mismo tiempo hechos pertenecientes a la relación sustancial deducida en juicio[152]. Esto se verifica, precisamente, en cuanto a los hechos de los que el juez puede derivar la propia competencia absoluta, la cual depende exclusivamente del monto y de la naturaleza del crédito hecho valer, esto es, de elementos inherentes a la relación de derecho sustancial que, en el procedimiento monitorio puro, valen como verdaderos simplemente porque son afirmados por el acreedor. *A fortiori,* todo poder de disponer de oficio indagaciones en torno a la propia competencia absoluta debe ser excluido en el procedimiento monitorio documental (procedimiento de inyunción), en que los hechos constitutivos del crédito, y, por consiguiente, los hechos que justifican la competencia absoluta, resultan desde el inicio no sólo afirmados, sino, en absoluto, probados por escrito por el acreedor (cfr. anteriormente, números 21-22).

33. *¿Puede el juez, de oficio, corregir la determinación del equivalente en dinero hecha por el demandante?*

Me ha parecido útil recordar estos principios para presentar, en toda su claridad, una cuestión que veo resuelta en sentido, a mi entender, erróneo por un reciente comentador del R. D. de 24 de julio de 1922[153]: esto es, si el juez tiene poder para corregir de oficio, independientemente de la oposición del deudor, el monto de la suma en dinero equivalente a la prestación en especie que el acreedor debe declarar en el recurso de conformidad con el artículo 3.

La respuesta negativa, contrariamente a la opinión opuesta del expresado

151 Chiovenda, *Principii,* pág. 738.

152 Kohler, *Beiträge,* págs. 107 y sigs.; y decisión del *Reichsgericht* (citada por Hellwig, *System,* t. I, § 59, pág. 134, nota 5, el cual sigue, sin embargo, parecer contrario), según la cual: "basta la simple afirmación de la competencia, cuando los hechos constitutivos de la competencia coinciden con los hechos constitutivos de la acción".

153 Indri, ***ob. cit.,*** § 4.

comentador, no me parece dudosa. La declaración prescrita por el artículo 3 tiene, como se ha dicho, dos finalidades: la de servir para determinar la competencia por razón de valor en los casos en que la prestación originaria no es en dinero, y la de preordenar un título ejecutivo que, si el acreedor no quiere o no puede llevar a cabo con éxito la ejecución para entrega de muebles, dé paso, sin ulterior declaración, a la ejecución sobre los bienes para provocar su venta y la distribución del precio (véase, anteriormente, n. 28). Desde el punto de vista de la determinación de la competencia, la disposición del artículo 3 es en todo análoga a las de los artículos 78 y 80 del Código de procedimiento civil, para los cuales la declaración de valor hecha por el actor sirve ella sola para determinar la competencia, si el demandado no impugna la exactitud de tal valoración; también, pues, en el procedimiento de inyunción (para el cual la primera parte del artículo 3 recuerda expresamente las normas del procedimiento civil en materia de competencia por razón del valor y de territorio, entre las cuales se encuentran también los artículos 78 y 80), el deudor podrá, desde luego, hacer oposición para librarse del exceso de la suma declarada en el recurso por el acreedor; y, en tal caso, corresponderá al juez determinarla[154]; pero no podrá el juez, antes de saber si el deudor se opondrá a la valoración hecha por el acreedor, disponer de oficio investigaciones para acreditar la exactitud de una valoración que la ley, precisamente para evitar *in limine litis* una instructoria complicada acerca del extremo de la competencia, quiere dejar librada al arbitrio del actor. Conviene, por otra parte, observar que, si "el valor de la causa se determina por la demanda" (art. 72 del Cód. proc. civ.), el juez debe, también en el procedimiento de inyunción, determinar la competencia por razón del valor según lo demandado, no según lo debido; tanto más aquí, donde las mismas expresiones empleadas por el artículo 3 ("... la suma que el acreedor *considera* equivalente y que está *dispuesto a aceptar*. parecen querer indicar que la valoración del equivalente pecuniario, en lugar de hacerse utilizando criterios rígidamente objetivos, debe llevarse a cabo según la apreciación *subjetiva* del acreedor, el cual por el artículo 1245 del Código civil no puede ser constreñido, sin concurso de su voluntad, a recibir una suma en dinero en lugar de la prestación en especie que se le debe.

Esta solución no presenta, en absoluto, desde el punto de vista práctico, aquellos peligros de "vejaciones" del deudor que algún autor[155] dice temer. Aun cuando el deudor no tuviese el derecho de hacer oposición a la inyunción y de impugnar por tal medio, sea a los efectos de la competencia sea a los del mérito, la valoración pecuniaria hecha por el acreedor, es evidente que el exceso de esta valoración unilateral (una valoración demasiado baja no sería prácticamente probable; ni, por otra parte, constituiría un peligro para el deudor) no produciría consecuencia alguna seriamente dañosa; no desde el punto de vista de la competencia, porque una valoración demasiado alta podría, a lo más, desplazar la competencia por razón del valor del juez inferior al superior, y se entraría así, a falta de oposición por parte del deudor, en el principio establecido por el artículo 3 de la ley de 15 de setiembre de 1922 según el cual "la excepción de incompetencia por razón del valor del magistrado al que el actor se ha dirigido, por el motivo de que la acción sea de

154 Cfr. MORTARA, ***Appendice***, cit., pág. 85.

155 INDRI, ***ob. cit.***, pág. 37.

competencia de un magistrado inferior... no puede ser declarada de oficio...; no desde el punto de vista del mérito, porque el deudor que considerase excesiva la suma de dinero determinada en la inyunción, podría siempre librarse de esta agravación, realizando a favor del acreedor la prestación en especie.

34. *Aplicabilidad al procedimiento monitorio de la regla establecida por la ley de 15 de setiembre de 1922, según la cual la competencia por razón del valor tiene carácter relativo para las causas de valor inferior*

Las consideraciones ahora desarrolladas me ofrecen ocasión para referirme a otra cuestión, que veo tratada autorizadamente por Mortara en el *Appendice* repetidamente citado en estas páginas [156]: esto es, a si la disposición del artículo 3 de la ley de 15 de setiembre de 1922 —la cual, al introducir en nuestro derecho una norma contenida en la ley procesal alemana (§ 10), da a la competencia por razón del valor el carácter de una competencia *relativa en lo que concierne a la observancia del límite mínimo*[157]—, es aplicable también al procedimiento de inyunción. Mortara considera que no; y enseña que si se pidiese, por ejemplo, un decreto de inyunción para un crédito de 100 liras al presidente del Tribunal, éste debería, de oficio, declararse incompetente por razón del valor y negarse por eso a pronunciar la inyunción. Pero, con todo el respeto para la opinión del insigne maestro, yo me permito dudar que la solución negativa por él propugnada haya de preferirse.

El artículo 4 del R. D. de 24 de julio de 1922 dice que, antes de pronunciar la inyunción, el juez debe verificar la propia competencia "según la norma del artículo precedente", y el artículo 3 se limita a citar en bloque, como aplicables al procedimiento de inyunción, todas aquellas disposiciones del Código de procedimiento civil según las cuales se debería determinar la competencia por razón del valor y por razón del territorio, cuando la acción de pago, en lugar de proponerse por la vía del procedimiento de inyunción, se propusiera por la vía del proceso de cognición ordinario. Entre estas disposiciones está también comprendida la del artículo 3 de la ley de 15 de setiembre de 1922, la cual modifica e integra el artículo 187 del Código de procedimiento civil; no consigo ver, por eso, la razón de que esta disposición, aplicable al proceso ordinario de cognición, no haya de aplicarse al proceso de inyunción, que, según el artículo 3 del R. D. de 24 de julio de 1922, está gobernado, en lo que se refiere a la competencia por razón del valor y por razón del territorio, por las mismas reglas del proceso ordinario. El deber que tiene el juez de declararse incompetente de oficio se deriva, también en cuanto al procedimiento de inyunción, únicamente del artículo 187 del Código de procedimiento civil; el artículo 3 del R. D. de 24 de julio de 1922 no contiene, ni implícita ni explícitamente, disposición alguna que en el procedimiento de inyunción extienda este deber a casos para los cuales el mismo no existe en el proceso ordinario: el juez, en el procedimiento monitorio, está obligado a pronunciar de oficio la propia incompetencia en aquellos únicos casos en los que está obligado a hacerlo en el procedimiento ordinario. No se diga que a declararse incompetente por razón del valor también cuando la acción sea

156 Cfr. págs. 84-85.

157 Cfr. Chiovenda, *Principii*, pág. 486.

de competencia de un magistrado inferior, el juez está obligado en el proceso de inyunción como consecuencia del carácter unilateral que tiene la primera fase de este procedimiento. Si el artículo 3 de la ley de 15 de setiembre de 1922 ha tenido el efecto de transformar la competencia por razón del valor en competencia relativa en lo que se refiere a la observancia del límite mínimo, el carácter de competencia absoluta no puede, a mi entender, serle restituido por la falta de contradictorio; ninguna norma autoriza en nuestro derecho al juez a declarar de oficio la propia incompetencia por razón del territorio en el caso en que el demandado sea contumaz[158]; no podría sostenerse, por tanto, que el artículo 3 de la ley de 15 de setiembre de 1922 sea inaplicable al proceso contumacial[159]. Así pues, si este artículo 3, que prohíbe al juez señalar de oficio la propia incompetencia por razón del valor cuando la acción sea de competencia de un juez inferior, es aplicable al proceso contumacial, no hay razón para no aplicarlo al proceso de inyunción, que da lugar en sustancia a una sentencia contumacial anticipada; también en cuanto al proceso de inyunción se puede repetir, en efecto, lo que Mortara justamente observa en cuanto al proceso contumacial: esto es, que "ningún daño, sino más bien una garantía de mayor valor, deriva al demandado del cambio que el actor haya hecho"[160] llevando al juez superior una causa que, por razón de su valor, sería de competencia del juez inferior.

Es absolutamente cierto, en fin, que "si se pide el secuestro conservativo al juez de un lugar diverso de aquel en que deberá llevarse a cabo... es legítimo el rechazo de la instancia motivado por incompetencia"[161]. Pero este caso no me parece que tenga razones de analogía con el procedimiento de inyunción; en el caso del secuestro conservativo pedido por el juez de un lugar diverso de aquel en que debe ser cumplido (art. 926 del Cód. proc. civ.) estamos frente a un caso de competencia *funcional*[162] y, por consiguiente, absoluta[163]; el deber del juez de pronunciarla de oficio no deriva, pues, del hecho de que el procedimiento de secuestro se inicie *inaudita altera parte,* sino del hecho de que la competencia funcional no admite nunca, aun en los procedimientos en contradictorio, una prórroga consensual.

35. Poderes del juez sobre la verificación de la competencia territorial

Por lo que se refiere a la competencia territorial, los poderes que tiene el juez en el procedimiento de inyunción no son diversos de aquellos que el juez tiene en el procedimiento ordinario: esto es, está en vigor el principio del artículo 187 del Código de procedimiento civil, según el cual la incompetencia

158 Cfr. CHIOVENDA, *Principii,* pág. 864.

159 MORTARA, *Appendice,* págs. 10-11, el cual enseña no sólo que el are. 3 es aplicable también al proceso contumacial, sino que, en este caso, la excepción de incompetencia por razón del valor no puede tampoco ser interpuesta por el contumaz en apelación.

160 *Ibídem,* pág. 11.

161 *Ibídem,* pág. 84.

162 CHIOVENDA, *Principii,* pág. 531.

163 *Ibídem,* pág. 587.

por razón del territorio no puede ser pronunciada de oficio.

Esta afirmación mía se encuentra en terminante oposición con la opinión manifestada por un comentador[164], según la cual el R. D. de 24 de julio de 1922 ha derogado, en cuanto al procedimiento de inyunción, "las normas generales del Código en materia de competencia" en cuanto habría "atribuido también a la competencia por razón del territorio el carácter absoluto y, por consiguiente, señalable de oficio"; y parece que esta opinión encuentra algún apoyo en los trabajos preparatorios del indicado Decreto[165]. Pero, aun cuando estuviera demostrado que los legisladores habían tenido la intención de introducir en el R. D. de 24 de julio de 1922 una innovación semejante, aparecería, sin embargo, cierto, de un atento examen de las disposiciones de este Decreto, que tal intención, de haber existido, *no llegó a transformarse en ley.*

Basta repetir, para convencerse de ello, el razonamiento que hemos hecho a otro respecto: esto es, que el R. D. de 24 de julio de 1922 obliga al juez a verificar la propia competencia sólo dentro de los límites en que esta obligación resulta de normas del Código de procedimiento civil; y que, en cuanto al artículo 187 de este código la competencia por razón del territorio no puede ser nunca puesta de relieve de oficio, *ni siquiera cuando el demandado es contumaz.*

Yo no entro a discutir aquí si esta disposición de nuestro derecho merece ser modificada, y si no sería más oportuno establecer *in jure condendo* que el juez, en contumacia del demandado, deba declarar de oficio también la propia incompetencia por razón del territorio[166].

Digo simplemente que, por ahora, esta disposición no está abrogada, y que, por tanto, la misma conserva su pleno vigor también frente al procedimiento de inyunción.

Sentado esto, es, ante todo, indudable que el juez no tiene, en el procedimiento de inyunción, poder de investigar de oficio si los hechos sobre los cuales se basa la competencia por razón del territorio son verdaderos. Es regla fundamental del procedimiento monitorio que, en cuanto a los hechos concernientes a la competencia por razón del territorio, basta la simple afirmación del acreedor para hacerlos considerar como verdaderos mientras el deudor no los niegue al formular oposición[167]; por otra parte, los hechos en que se funda la competencia por razón del territorio no figuran, en cuanto

---

164 Indri, ***ob. cit.***, pág. 39. Cfr. ahora, en este sentido, Lucarini, ***L'ingiunzione italiana***, n. 11.

165 El oficio central del Senado, al discutir el proyecto de ley del procedimiento por inyunción, propuso al Senado, en la sesión del 3 de julio de 1932, expresar el voto de que en la compilación definitiva de la ley se tuvieran presentes algunos puntos, y entre ellos el siguiente (n. III): "El magistrado debe extender la investigación preliminar sobre la propia competencia también a la competencia por razón del territorio". La pro puesta fue aprobada *(Actos del Senado,* Legisl. XXVI, Ses. 1921-22; Discusiones, pág. 3368).

166 Cfr. ChiOVENDA, *Principii* pág. 864.

167 Stein, *Komm.*, § 689, III; § 690, III; § 691, I, 3; Hellwig, *System*, t. II, § 253, III, 1, a). Lo mismo es aplicable, según la doctrina alemana, al proceso contumacial: cfr. *System,* t. I, § 198, II, 2, *b;* y, en general, también en cuanto al procedimiento ordinario, se acepta el principio de que, en materia de competencia relativa (prorrogable), los hechos confesados o no negados no tienen necesidad de prueba, de manera que la prueba de los hechos de que se

tales, entre aquellos respecto de los cuales, en nuestro procedimiento de inyunción, se exige la prueba escrita[168]. Este principio vale no sólo respecto de los hechos de los cuales se deriva el fuero general del deudor, sino también respecto de aquellos relativos a la existencia de un fuero especial; por tanto, si el acreedor afirma en su recurso que el fuero al que él se dirige es el de la residencia del deudor (art. 90 del Cód. proc. civ.) o el del domicilio elegido (art. 95) o el del pago (art. 91), el juez no puede, de oficio, a falta de oposición del deudor, investigar si estas afirmaciones corresponden a la verdad y declararse de oficio incompetente en el caso de que las mismas resulten no verdaderas.

Pero hay más: esto es, que (a diferencia de lo que hemos afirmado, en el n. 32, en cuanto a la incompetencia por razón del valor) la incompetencia por razón del territorio no podría ser puesta de relieve de oficio ni siquiera si del mismo recurso y de los documentos unidos resultaran circunstancias tales que llevaran al juez, sin necesidad de otras investigaciones, al convencimiento de que el deudor tendría razón para excepcionar la incompetencia territorial. En efecto, según nuestro derecho, en el cual está vigente el principio de que el juez no puede nunca pronunciar de oficio la incompetencia territorial (art. 187 Cód. proc. civ.), el juez es siempre competente por razón del territorio mientras el demandado no excepcione fundadamente la incompetencia territorial[169]; de suerte que, aun si el fuero al que se dirige el acreedor no corresponde al que sería normalmente competente por razón del territorio (supongamos, si el acreedor pide la inyunción al juez del propio domicilio, mientras del recurso resulta que el deudor está domiciliado en otro sitio), es siempre lícito considerar que el fuero al que se dirige, si no es territorialmente competente como *forum domicilii,* puede serlo, sin embargo, a falta de excepción por parte del deudor, como *forum prorogatum.* El juez no podría, por consiguiente, declararse, de oficio, incompetente por razón del territorio en una situación similar; porque en el momento en que el acreedor le pide la emanación de la inyunción, no existe la certeza de que él sea territorialmente incompetente para emanarla; más bien él es desde este momento territorialmente competente *a condición de que el deudor no plantee posteriormente mediante oposición, la excepción de incompetencia*[170].

---

deriva la competencia por razón del territorio es necesaria sólo en cuanto los mismos sean negados por el demandado (*System,* cit., § 59, II, 1). Cfr. CHIOVENDA, *Principii,* página 657.

168 También en el *Urk. Pr.* alemán, en el que la existencia de los hechos constitutivos del crédito debe ser probada por escrito, no es exigida la prueba escrita de los hechos concernientes a los presupuestos procesales: HELLWIG, *System,* t. II, § 251. I, 2, a, β.

169 CHIOVENDA, *Principii,* págs. 864 y 737.

170 Acerca de la necesidad de que el deudor excepcione la incompetencia territorial en el mismo acto de oposición, por estar en regla con el art. 187 del Cód. civ., cfr. Apelación de Bolonia, de 20 de febrero de 1924, en *Foro it.,* 1924, I, 504. En el procedimiento monitorio especial regulado por el art. 379 del Cód. proc. civ., el juez debería de oficio declararse incompetente cuando, tratándose de gastos honorarios debidos por una causa, el acreedor no hubiera seguido la norma de competencia contenida en el art. 103 tiene carácter *funcional* (CHIOVENDA, *Principii, pág. 534).*

§ IX. *B)*. — 36. Recusación y Abstención en el proceso monitorio

De la misma manera que son aplicables al procedimiento de inyunción las normas del título II del Código de procedimiento civil que regulan la capacidad objetiva de los jueces (competencia), así también considero aplicables al mismo las normas de dicho título que regulan su capacidad subjetiva en relación con el instituto de la recusación y abstención (arts. 116-131 del Cód. proc. civ.)[171].

El juez, investido de un recurso de inyunción, que sepa que se encuentra frente al demandante en una de las condiciones previstas por el artículo 116, tendrá el deber de abstenerse; como, recíprocamente, el acreedor, que quiera valerse del procedimiento de inyunción, podrá, en las mismas condiciones, recusar preventivamente al juez que debería estar investido. No sería lícito observar en contrario que los institutos de la abstención y de la recusación deberían encontrar lugar, en su caso, solamente en la segunda fase del procedimiento monitorio, porque solamente cuando hubiera nacido con la oposición del deudor una controversia actual, nacería de ello por primera vez en las partes el interés en asegurarse un juez imparcial para decidirla; a esto sería fácil replicar, de un lado, que, según las disposiciones del Código de procedimiento, el derecho de recusación y el correspondiente deber de abstención no están limitados a los solos casos en que el juez sea llamado a sentenciar (arts. 118 y 122), y, de otro lado, que también en la primera fase del procedimiento monitorio el juez ejerce un verdadero y propio poder de decisión, si, como en otro lugar hemos demostrado (en la primera parte, n. 20), la inyunción no es otra cosa, en sustancia, que una sentencia contumacial anticipada.

Si el procedimiento de inyunción a iniciar es de competencia del juez único (Conciliador o Pretor), el acreedor puede proponer la recusación mediante declaración depositada en la cancillería respectiva, antes de presentar la demanda de inyunción (art. 121, n. 2, del Cód. proc. civ., con las modificaciones exigidas por la especial estructura del procedimiento monitorio: cfr. § 43, Z. P. O. alemana). Igual vía me parece que debería seguir el acreedor cuando, correspondiendo el crédito a la competencia por razón del valor de un Tribunal, considerase que había motivos suficientes para recusar al presidente al que incumbe pronunciar la inyunción. Por el contrario, si en este último caso el acreedor se encontrase en condición de recusar a alguno de los jueces que componen el colegio, debería reservar la recusación para el caso en que la oposición del deudor hiciera necesaria la decisión colegial y, en tal hipótesis (y lo mismo podría decirse en cuanto a la recusación propuesta por el deudor oponente) debería proponer la recusación mediante recurso al presidente tres días antes de la audiencia establecida en el acto de oposición (arts. 8 y 10 del R. D. de 24 de julio de 1922 en relación con el art. 121, n. 1), o al menos antes de la discusión, cuando al demandante no le fuese conocido anteriormente el nombre de los jueces llamados en aquella audiencia a tomar parte en la causa (artículo 121 cit.).

§ X. C) 37. La representación procesal en el procedimiento monitorio

171 . En cuanto al derecho alemán, Stein, *Komm.*, §688, III

Por lo que se refiere a los presupuestos procesales concernientes a las partes, no hay nada de especial que decir acerca de la capacidad para ser parte y de la capacidad para estar en juicio: en cuanto a estos dos presupuestos, tienen aplicación al procedimiento de inyunción las mismas reglas, y se podrían formular las mismas preguntas que tienen aplicación y que se han formulado en cuanto al procedimiento ordinario. Alguna modificación a las normas vigentes para el procedimiento ordinario ha sido, en cambio, aportada por el R. D. del 24 de julio de 1922 en materia de *jas postulandi.*

La intervención del procurador legal, facultativo en cuanto a los procedimientos de inyunción de competencia del Conciliador o del Pretor[172], es obligatoria respecto de aquellos que se desenvuelven ante el Tribunal[173]: "la demanda es suscrita por el procurador si el negocio es de competencia del Tribunal. En los otros casos puede ser suscrita por el acreedor" (art. 2). En esto, el R. D. de 24 de julio de 1922 no hace otra cosa que ajustarse a la primera parte del artículo 156 del Código de procedimiento civil; se separa, en cambio, de dicho precepto (véase el art. 231 del Reglamento judicial), en cuanto la obligatoriedad de la intervención del procurador no desaparece tampoco en los negocios comerciales[174].

En los casos en que la demanda de inyunción está firmada, en lugar de por el acreedor, por su procurador, el mandato debe resultar de acto escrito (art. 2)[175], redactado ordinariamente en las formas ordenadas por el artículo 48 del Código de procedimiento civil. En los negocios comerciales es aplicable también al procedimiento de inyunción el artículo 47 del Código de comercio (mandato por telegrama autenticado). Considero, además, aplicables, por analogía, al procedimiento monitorio las disposiciones (art. 1 de la ley de 28 de julio de 1895 sobre los conciliadores; art. 395 del Cód. proc. civ. con la modificación introducida por el art. 23 del R. D. de 20 de setiembre de 1922; y ahora, en general, art. 41 del R. D. de 26 de octubre de 1923, n. 2275) que consienten el mandato por escritura privada a continuación del acto de citación; en el sentido de que el mandato puede ser escrito al final de la demanda. A esto me induce el considerar, por una parte, que el equiparar al acto de citación la demanda no repugna en nada a la naturaleza de ésta; la

172 En estos procedimientos, si el acreedor no quiere firmar por si el recurso, como el art. 2 le permite, puede hacer firmar en su nombre el recurso no sólo a un procurador legal sino también a un mandatario elegido entre las categorías de personas especificadas por los arts. 6 y sigs. de la ley de 1° de julio de 1901, modificada por los arts. 15 y 19 del R. D. de 20 de setiembre de 1922.

173 En el derecho alemán y en el austríaco la intervención del procurador legal no es nunca obligatoria en la primera fase del procedimiento monitorio; la demanda de inyunción puede ser siempre presentada por el acreedor en persona, y también *a vocc* (Z. P. O. alemana, § 702; ley austríaca de 27 de abril de 1873, § 4). Cfr. SKEDL., *ub. cit.*, pág. 151.

174 Acerca de las razones que han aconsejado al legislador a suprimir en cuanto al procedimiento de inyunción la diferencia entre causas civiles y causas comerciales consagrada en el art. 156, cfr. exhaustivamente MORTARA, *Appendice,* cit., págs. 82-83.

175 Sobre la disposición del § 703 de la Z. P. O. alemana, que no exige la prueba escrita del mandato, sino que se contenta con la simple afirmación del supuesto mandatario que presenta la demanda, cfr. SKEDL, *ob. cit.*, págs. 151 y sigs.; HELLWIG, *System,* t. II, § 253, III, 3 (pág. 71).

cual, aun cuando sea con inversión de la iniciativa del contradictorio, acumula en sí los efectos de una potencial citación en juicio[176]; por otra parte, que sería ir contra la misma razón de ser del procedimiento de inyunción, exigir para el mismo formalidades más rigurosas que las exigidas para el procedimiento ordinario[177].

§ XI. D) 38. OTROS PRESUPUESTOS: EXCEPCIONES PROCESALES (LITISPENDENCIA)

Al hablar de los presupuestos procesales, cuya existencia debe ser verificada de oficio por el juez antes de pronunciar la inyunción, no hay por qué ocuparse de las otras causas de inadmisibilidad de la demanda, que pueden ser valoradas por el juez solamente en virtud de iniciativa del demandado; semejantes circunstancias podrán ser tomadas en consideración por el juez solamente en la segunda fase del procedimiento de inyunción, cuando el deudor, valiéndose de su derecho de hacer oposición, interponga las correspondientes *excepciones procesales* (excepción de litispendencia, de compromiso, etc.). A propósito de la litispendencia conviene, sin embargo, advertir desde ahora que el significado de este concepto varía, en relación al procedimiento de inyunción, según que se vea en este procedimiento nada más que un instrumento destinado a hacer valer en forma abreviada la acción ordinaria de condena, o bien que se lo considere como expresión procesal de una acción sumaria especial, dotada de sus particulares condiciones. Si se sigue la primera opinión, basta, para que se verifique la identidad de las causas que da lugar a la excepción de litispendencia, que antes del inicio del procedimiento de inyunción esté ya pendiente en cuanto al mismo crédito un procedimiento ordinario (la diversidad de la forma de procedimiento no destruye, en efecto, la identidad de la acción *de condena);* por el contrario, si se sigue la segunda opinión (que yo rechazo), la excepción de litispendencia no podrá ser planteada por el deudor sino cuando esté simultáneamente pendiente respecto del mismo crédito otro procedimiento de inyunción, mientras que si, en cuanto al mismo crédito, se hubiera iniciado anteriormente un procedimiento ordinario, se debería ver aquí no ya un caso de litispendencia (al no haber identidad entre una acción de condena y una acción sumaria), sino un caso de concurso de acciones conexas, coincidentes por las personas, la causa y el objeto mediato (objeto de crédito), pero diversas por la naturaleza del objeto inmediato (esto es, por la naturaleza de la providencia jurisdiccional).

176 Cfr. CHIOVENDA, *Principii,* pág. 1195.

177 Cfr. en cuanto a la aplicabilidad del § 30 de la Z. P. O. austríaca también al *Mandatsverfahren,* OTT, trabajo cit., pág. 291.

TERCERA PARTE

LA VITALIDAD DEL PROCEDIMIENTO DE INYUNCIÓN

SUMARIO:

§ I. EL PROCEDIMIENTO MONITORIO EN RELACIÓN CON EL EXCESIVO TRABAJO DE LOS TRIBUNALES.

1. Premisas: el problema de la excesiva aglomeración de asuntos en los tribunales. —

2. Remedios para descongestionar la audiencia; el procedimiento monitorio como instrumento para despejar la audiencia de los procesos contumaciales. — 3. El R. D. de 24 de julio de 1922 sobre el procedimiento de inyunción, *¿se* presenta como idóneo para alcanzar esta finalidad?

§ II. RAZONES POR LAS CUALES EL PROCEDIMIENTO INTRODUCIDO POR EL R. D. DE 24 DE JULIO DE 1922 ES INADECUADO PARA SU FINALIDAD: A) DEFECTOS DE TÉCNICA LEGISLATIVA.

4. Imperfecciones de forma en la redacción de algunos artículos. —5. Ejemplos: en especial la oposición fuera de término en el artículo 11.

§ III. B) FALTA DE RAPIDEZ Y DE SIMPLICIDAD.

6. Carácter fundamental del proceso ejecutivo en nuestro derecho: la excesiva indulgencia para el deudor. — 7. También el procedimiento de inyunción tiene el mismo carácter: demostración. — 8. a) El requisito de la prueba escrita del crédito. — 9. *b)* La regulación de la oposición en la inyunción: la correcta concepción de este instituto. — 10. En qué puntos el R. D. de 24 de julio de 1922 se separa de esta concepción: los efectos de la oposición en término. — 11. La oposición fuera de término. — 12. *c)* La acción por resarcimiento de daños. — 13. El escaso uso práctico del procedimiento de inyunción, derivado de los defectos señalados.

§ IV. C) LA HOSTILIDAD DE LOS PROFESIONALES JURÍDICOS.

14. La hostilidad de los profesionales jurídicos contra el procedimiento de inyunción. — 13. Medidas para remediarla.

§ V. 16. CONCLUSIONES Y PROPUESTAS DE REFORMA.

§ I. El procedimiento monitorio en relación con el excesivo trabajo de los tribunales

1. *Premisas: el problema de la excesiva aglomeración de asuntos en los tribunales*

Cuál sea el problema más urgente de la justicia civil, problema cuya gravedad ha ido aumentando en estos últimos meses, después de haberse llevado a cabo la concentración en los tribunales mayores del trabajo judicial hasta ahora realizado, bien o mal, por los suprimidos tribunales de provincia, lo comprende por sí mismo también un profano, ayuno de estudios procesalísticos y desconocedor de las reformas en preparación, con sólo tener la paciencia de asistir a la audiencia civil en el Tribunal de una gran ciudad; cuando vea que en esta audiencia la mañana entera se pierde en el primer llamamiento de las doscientas o trescientas causas inscritas en el registro, y que la majestad de la justicia se personifica durante algunas horas en la voz estentórea de un empleado judicial que, como un cuidador de coches a la salida del teatro, intenta hacerse oír en medio del vocear de los abogados, no ya para incitarlos a tratar sus causas, sino para advertirles que, si no quieren ellos postergarlas voluntariamente, proveerá el presidente a postergarlas de oficio, comprenderá lo ingenuo que es, mientras exista en los tribunales una tal aglomeración de causas y un tal amontonamiento de trabajo detenido, tener esperanzas en una justicia que sea, al mismo tiempo, solícita y meditada, y pretender así que precisamente en las agitadas aulas de los tribunales coincidan aquellas dos virtudes, el hacer las cosas pronto y el hacerlas bien, que no suelen ir juntas en otros lugares.

En realidad, especialmente en los tribunales de primera instancia de las grandes sedes, los litigantes mismos comprenden que a magistrados reducidos a la función casi manual de fabricantes de sentencias en serie no se les puede pedir la docta valoración del caso jurídico, la elegante discusión de todos los aspectos, que puede salir solamente de largo estudio y de tranquilo recogimiento de pensamiento. Hoy en día, el trofeo a que aspira quien se atreve a emprender la "lucha por el derecho" no es ya tanto una sentencia justa y bien motivada, cuanto una sentencia, cualquiera que sea, que le permita acudir al juez de apelación; y aun quien ha podido otras veces censurar a los abogados la sistemática tendencia a la dilación alimentada por el brocardo malicioso *"dum pendet rendet"*, debe reconocer que actualmente, en ciertos tribunales, la causa primera del estancamiento judicial debe buscarse más bien en la insuficiencia de los jueces que en la mala gana de los defensores, los cuales, muy a menudo, para conseguir que se dé curso a una causa, deben sostener una lucha cuerpo a cuerpo con el presidente que querría a toda costa postergarla de oficio una vez más.

En ciertos tribunales, para dar una satisfacción... moral a los abogados, se ha llegado incluso a establecer una nueva forma de postergación, que se denomina, con terminología tomada de las tarifas telegráficas, postergación "con precedencia", lo que constituye para la causa postergada con esta fórmula una especie de... crédito privilegiado en el turno de la audiencia siguiente.

El problema fundamental de la justicia, frente al cual quedan en segundo término todas las otras cuestiones de la reforma judicial, es, pues, ante todo, el siguiente: poner a los tribunales en situación de trabajar con calma, librándolos de la enorme carga de causas que da necesariamente a todos sus pronunciamientos la impronta de la apresurada improvisación. Este problema no es solamente italiano; incluso entre nosotros es menos pavoroso que en otros sitios: en Alemania, especialmente como consecuencia de las hiperbólicas oscilaciones de la moneda que han subvertido todos los criterios para la determinación del valor de las causas, desde hace años, antes de la reforma del 13 de mayo de 1924, se han sucedido pequeñas reformas procesales las cuales llevaban ya en su denominación *(Ges. zur Entlastungs der Gerichte,* de 9 de setiembre de 1915, 18 de mayo de 1916, 11 de marzo de 1921 y 8 de julio de 1922)[1] la indicación de la finalidad de las mismas afanosamente perseguida: aligerar, descargar los tribunales del excesivo amontonamiento de procesos. Pero tampoco en Italia el problema es leve: de manera que también entre nosotros, no pudiéndose por evidentes razones financieras, pensar en un adecuado aumento de personal en los tribunales más sobrecargados, la solución debe buscarse, en lugar de en un aumento del número de los jueces, en la disminución del número de las causas.

No creo que fuera un buen método para establecer el equilibrio entre el número de los jueces y el número de las causas a decidir, el de dejar correr en el campo judicial las cosas por la pendiente en que van actualmente, en la ilusión de que cuanto más se obstaculice el acceso a la justicia por medio de leyes complicadas y cuanto más difícil sea el camino de los procesos, tanto más se habrán de acobardar los litigantes de mala fe, reduciéndose las causas a aquellas que sean serias y fundadas; en realidad, el litigante de mala fe no tiene nada que temer de los complicados procedimientos que favorecen mejor las emboscadas y las dilaciones; y quienes resultan perjudicados son los otros, los honestos, los cuales, finalmente, se resignan a tolerar en silencio la sinrazón, con tal de no ir en busca de la preocupación doméstica que es hoy en día una causa civil.

Frente a este método ultrasimplístico, que se podría parangonar con la ilusión de quien creyese hacer disminuir el número de las enfermedades encareciendo el precio de las medicinas y reduciendo el número de los hospitales, yo creo, en cambio, que el primer medio para disminuir el trabajo de los tribunales es precisamente el de reformar desde sus fundamentos el proceso civil, para hacerlo fácil, simple y menos costoso. Aun cuando de este modo se pudiera prever en un principio cierto aparente aumento de litigiosidad, derivado, como ocurrió en Austria después de la implantación del proceso oral, de la mayor confianza de los ciudadanos en la seriedad de la justicia y de la consiguiente menor resistencia de los mismos, a pedir a los tribunales la tutela de su derecho, esta mayor aglomeración estaría no

---

1 *Cfr. mis notas* Le riforme processuali in Germiania dall'inizio della guerra, *en* Riv. dir. comm., *1922, parte I, pág. 165;* I processualisti tedeschi contro le recenti rifarme del processo civile, *en* Riv. dir. proc. civ., *I, 1, pág. 365; Mendelssohn-Bartholdy,* Le recentissimi riforme al processo civile in Germania, íd. íd., *pág. 261.*

solamente compensada, sino considerablemente superada por el hecho de que cada proceso, por la mayor facilidad y el más rápido funcionamiento de sus mecanismos, tendría una duración más breve; de suerte que reducir la duración de cada proceso querría decir, en último análisis, disminuir la suma del trabajo judicial en su conjunto.

Pero, además de a esta "cura reconstituyente", a largo plazo, la cual, si quiere alcanzar el objeto deberá obedecer a la ley utilitarista y, por consiguiente, ofrecer en cada momento del proceso un empleo de tiempo y de energías más racional y económico, el problema del excesivo hacinamiento de los tribunales puede ser afrontado también con "curas específicas". Así en Alemania hay quien confía mucho (aunque no sé con cuanto fundamento) en la institución de un procedimiento preliminar de conciliación obligatoria, tema favorito de los procesalistas alemanes de estos últimos años[2], los cuales ven en él un medio a propósito para reducir al mínimo el número de las causas a decidir en sede contenciosa. Otros esperan la salud, de la extensión y del perfeccionamiento del arbitraje, cuya estructura debería ser simplificada en forma de inducir a los litigantes a preferir en medida cada vez más amplia los árbitros a los tribunales (una cosa parecida a lo que el Ministro Gentile ha hecho en cuanto a la escuela media: incrementar las escuelas privadas para despejar las escuelas del Estado)[3].

Algún buen resultado se ha podido conseguir entre nosotros al poner en vigor la ley de 15 de setiembre de 1922 n. 1287 sobre competencia de los Pretores, que ha quitado a los órganos colegiados un verdadero montón de causas de pequeño valor. Pero, a resolver el problema del excesivo trabajo de los tribunales, contribuirían, sobre todo, las medidas con las cuales, aun sin impedir que todas las acciones puedan libremente ser llevadas al juicio de los magistrados públicos, se consiguiera hacer una diferenciación entre las causas en las cuales existe una litis efectiva que no puede ser resuelta sino por una sentencia precedida de investigaciones a fondo sobre las contrapuestas razones de los litigantes, y aquellas en las que la litis es solamente aparente, en cuanto una de las partes está dispuesta a reconocer, explícita o implícitamente, las razones del adversario. Es evidente que no es necesario el mismo dispendio de precauciones procesales, en cuanto a estas dos categorías de causas: aquella larga, pero necesaria, serie de rigurosas formalidades que trata de garantizar el desarrollo del contradictorio en audiencia, se presenta como un pasatiempo en las causas en que una de las partes no tiene nada que oponer a las razones del adversario, y en las que la intervención del órgano judicial no se exige tanto para decidir una cuestión jurídica cuanto para dar al acreedor

2 Especialmente la introducción de esta conciliación obligatoria (*Güteverfahren*) se sostiene en Alemania por parte de los socialistas; cfr. mi escrito *Il programma di politica giudiziaria dei socialisti tedeschi,* en *Riv. dir. comm.*, 1922, parte I, pág. 159, y literatura que se cita allí en la nota 3.

3 Cfr. Carnelutti, *Per una riformn dell'arbitrato,* en *Riv. dir. comm.*, 1923, parte 1, pág. 56; Hoffmann, *Schiedsrichterliche Entscheidungen durch die ordentlichen Gerichte* en *D. I. Z.*, 1923, 84. Recuérdese también la propuesta de "compromiso obligatorio" hecha por el hon. Meda (en el *Corriere d'Italia* de junio de 1921). La medida en que estos institutos han entrado en la reciente reforma del proceso civil alemán de 13 de mayo de 1923, cfr. en Mendelssohn-Bartholdy, trabajo cit., en *Riv. dir. proc. civ.*, I, 1, 261.

no satisfecho un título ejecutivo contra el deudor que, aun reconociendo su deuda, no puede o no quiere pagar[4].

En lo que se refiere a esta segunda categoría de causas, la audiencia y el contradictorio son un exceso; es necesario encontrar el medio de apresurarlas de un modo simple y más económico, sin mostrarse en las salas de la justicia, sin cargar con su peso muerto la escena del debate.

2. *Remedios para descongestionar la audiencia; el procedimiento monitorio como instrumento para despejar la audiencia de los procesos contumaciales*

Un medio muy eficaz y muy ingenioso para despejar la audiencia, es, en el proceso austríaco, la audiencia preliminar (*Vortermin*), destinada no solamente a una primera selección de las diversas cuestiones que cada litis puede presentar sino también a agotar ante el presidente aquellas causas respecto de las cuales el debate ante el colegio se presenta como superfluo[5].

Deseamos que la inminente reforma del procedimiento ordinario utilice también entre nosotros esta audiencia preliminar, que los propios procesalistas alemanes envidian a Austria[6]; pero, mientras tanto, podemos advertir que al mismo objeto de solucionar las litis aparentes antes de que se lleven a la audiencia del colegio, se dirige también, aun cuando sea en forma más modesta y menos destacada, el procedimiento monitorio o de inyunción, introducido por nosotros como procedimiento general por el R. D. de 24 de julio de 1922. El principio, sobre todo económico, en que este procedimiento se basa, es conocido: de la observación experimental de que ciertas categorías de controversias (como podrían ser, por ejemplo, las controversias en materia de propiedad inmobiliaria) tienen por lo general un largo y complicado desarrollo, rico de incidentes y de medios instructorios, mientras que ciertas otras (como serían las controversias en materia de créditos en dinero) raramente dan lugar a fundar excepciones por parte del demandado, el cual se hace citar en juicio no ya porque tenga razones serias que oponer a las peticiones del acreedor, sino solamente porque le faltan los medios para satisfacerlas, se llega a la intuición de una especie de cálculo de probabilidades, el cual induce a considerar que en las causas de esta segunda categoría serán más frecuentes que en las de la primera las sentencias basadas sobre la contumacia del demandado o sobre su explícito reconocimiento; y entonces, puesto que para esta segunda categoría es mucho más fácil que el contradictorio y la audiencia resulten un mero pasatiempo, se sustraen ***a priori*** estas causas a la serie de diligencias del proceso de cognición y se confían a una forma especial de procedimiento, en que la iniciativa del contradictorio queda invertida, pasando del actor al demandado, el cual, presumiblemente, provocará el debate solamente en aquellos casos en los que tenga alguna cosa seria que oponer a las pretensiones del acreedor.

El procedimiento monitorio se nos presenta, pues, si se lo contempla bajo el aspecto de la política judicial, como un medio destinado a sustraer

---

4 Cfr. STEIN, *Zur Iustizreform,* Tübingen, 1907, págs. 92-93.

5 *CHIOVENDA,* Principii, *pág. 696; y* La riforma del procedimento civile, Relación, *§§ 128-130.*

6 Cfr. Wach, *Grundfragen und Reform des Zivilprozesses,* Berlín, 1914, págs. 95 y sigs.

a las dilaciones del proceso ordinario y especialmente al atascamiento y paralización de la audiencia todas aquellas causas en las que es previsible que el demandado permanecerá en contumacia o, a lo sumo, se limitará a contradecir solamente *pro forma.* Si, desde el punto de vista jurídico, el procedimiento monitorio se puede considerar como un caso de contumacia *provocada* (cfr. anteriormente, primera parte, n. 20), esta aproximación entre procedimiento monitorio y procedimiento de inyunción no es menos exacta desde el punto de vista político, que precisamente, para liberar la audiencia de la aglomeración de los procesos contumaciales, autores y legisladores[7] invocan como remedio soberano la introducción de este procedimiento de inyunción, el cual constituye también, por motivos psicológicos[8], un calmante eficaz del espíritu de litigiosidad; en efecto, mientras la invitación a comparecer en la audiencia, que se contiene en la citación sirve muchas veces de instigación al embrollo, y el contradictorio parece hecho en muchas ocasiones más para excitar que para calmar los disentimientos, el procedimiento monitorio, que transfiere al deudor la iniciativa y, por consiguiente, la responsabilidad moral del contradictorio, parece hecho para disuadirlo de emprender una reacción infundada, de suerte que en la mayor parte de los casos no es inexacto considerar que la preclusión derivada de la falta de reacción se base sobre una verdadera y propia "presunción de consentimiento"[9].

Sentadas estas premisas, es fácil comprender la importancia práctica que podría tener el procedimiento monitorio frente al problema de la reforma procesal, cuando verdaderamente el mismo consiguiese absorber en sí la mayor parte de las causas contumaciales. Pero, para alcanzar esta finalidad, es necesario que el procedimiento monitorio sea regulado, en su estructura positiva, en forma que induzca a los acreedores a preferirlo al procedimiento ordinario; en otro caso sería ingenuo magnificarlo como un útil sustitutivo del proceso contumacial, cuando después, en la práctica, se viese que entre el proceso contumacial y su sustitutivo no es este último el mal menor. Frente al R. D. de 24 de julio de 1922, que ha introducido también entre nosotros el procedimiento general de inyunción, yo me propongo precisamente examinar si esta reforma, en su concreta actuación, se presenta como idónea para producir el benéfico descongestionamiento de las audiencias que en teoría sería lícito esperar de ella.

3. *El R. D. de 24 de julio de 1922 sobre el procedimiento de inyunción, ¿se presenta como idóneo para alcanzar esta finalidad?*

El R. D. de 24 de julio de 1922 ha nacido bajo una mala estrella: Estaba todavía en gestación cuando ya algún estudioso hablaba mal de él[10]; tenía pocos meses de vida, y ya su más autorizado propugnador y artífice del proyecto de ley del que este Decreto nació, preveía como necesaria e inminente

---

7 Cfr. Montara, *Commentario,* t. V, n. 14 y las citas anteriores en pág. 29 notas.

8 Cfr. las agudas observaciones de A. Musatti, en ***Foro Veneto***, 1923, pág. 288.

9 Dr. Palo, *Titolo* ***esecutivo***, pág. 35.

10 *Segni,* Note critiche in tema di legisl. di dir. proc. en Studi Sassaresi, 1922, pág. 198.

la reforma[11], o, más recientemente, calificaba sus normas como "infelices y fatalmente estériles"[12].

En verdad, yo creo que esta crítica tan severa hecha por Mortara "el cual más que ningún otro, sea por haber tomado parte destacada en los trabajos preparatorios de este Decreto sea por haber ilustrado, en un comentario especial, sus disposiciones, está en situación de valorar las razones y los méritos" no es excesiva; ya que no solamente se encuentran en este Decreto numerosas inexactitudes de técnica legislativa (Cfr., más adelante, § II), destinadas a hacer pulular por la práctica aquellas *vexatae quaestiones* de pura forma que son la delicia de los causídicos y la peste de los procedimientos, sino que se encuentran en él, en absoluto, disposiciones enteras (cfr., más adelante, § III) que parecen estudiadas a propósito para hacer complicado y peligroso este procedimiento que debería ser expeditivo y seguro y para espantar y alejar a aquellos a los cuales el mismo debería servir: similar en eso a ciertos deliciosos reglamentos de bibliotecas italianas (perdóneseme la pintoresca aproximación; pero el mismo espíritu burocrático se puede reconocer en las más alejadas manifestaciones) los cuales consiguen, con toda perfección, rodear de fastidiosas garantías y de molestas limitaciones el uso de las salas de lectura, de tal manera que los verdaderos estudiosos, cuando han estado una vez en ellas, se guardan muy bien de volver a poner los pies en las mismas.

Si se añade a todo esto que el procedimiento monitorio, aun cuando está regulado de un modo satisfactorio, tiene en sí motivos no descuidables para suscitar la hostilidad de los profesionales jurídicos que se guardan por esto de recomendarlo a los clientes (cfr., más adelante, § IV), se comprenderá fácilmente desde ahora que los resultados prácticos del Decreto de 24 de julio de 1922 no pueden haber sido muy brillantes.

§ II. Razones por las cuales el procedimiento introducido por el R. D. de 24 de julio de 1922 es inadecuado para su finalidad: A) defectos de técnica legislativa

4. *Imperfecciones de forma en la redacción de algunos artículos*

Sería temerario afirmar que el texto del R. D. de 24 de julio de 1922, tal como ha salido de las discusiones parlamentarias, sea un modelo de exacta formulación técnica y de bel lo estilo legislativo. Es sabido que el proyecto de ley que originó este Decreto, al objeto de evitar las dilaciones de una discusión parlamentaria de los artículos, fue aprobado por las Cámaras solamente en sus líneas generales, con mandato al gobierno de redactar su texto definitivo tomando en consideración las discusiones que tuvieron lugar en las dos ramas del Parlamento[13]; y es sabido, además, que el texto originario del

---

11 Mortara, *Appendice*, cir., pág. 107, pág. 117, etc. Cfr. también, *Comm.*, 4a ed., vol. V, n. 558.

12 Per il nuovo Codice della procedura civile, Tormo, 1923, n. X, pág. 30.

13 Cfr. Mortara, *Appendice*, cit., pág. 70; los precedentes parlamentarios se encuentran citados

proyecto de ley fue redactado por Ludovico Mortara, el cual, siendo Ministro de Justicia, lo presentó, el 10 de diciembre de 1919, al Senado que lo aprobó el 5 de febrero de 1920. Sin embargo, también con este procedimiento, que podía tener la ventaja de sustraer a la discusión parlamentaria los detalles técnicos de la reforma, el proyecto de ley, aprobado en sus líneas esenciales, no pudo escapar, especialmente en el examen del mismo que fue realizado por los Oficios, a aquella miope crítica a base de alfilerazos, con frecuencia superficial e incapaz de coordinar las particularidades con el espíritu informador del instituto, de la cual precisamente se quería evitar el peligro; de suerte que el texto originario apareció, en muchas disposiciones, modificado y estropeado, y relleno de numerosas "interpolaciones" que ponen de relieve demasiadas veces la mano inexperta de los improvisadores.

Para tener una prueba de la verdad de cuanto digo, basta confrontar entre sí el diseño originario del *Proyecto* Mortara, tal como va unido a la ley de 9 de julio de 1922, con el texto definitivo, que tiene en cuenta las discusiones parlamentarias, del R. D. de 24 de julio de 1922. El primero, aun partiendo de una concepción del procedimiento monitorio de la cual en algunos puntos yo respetuosamente disiento, tiene la organicidad y la homogeneidad de un mecanismo de precisión, que el ideador, antes de construirlo, se ha imaginado en movimiento, coordinando entre sí las varias piezas desde un punto de vista esencialmente dinámico. Pero cuando se examinan las disposiciones del R. D. de 24 de julio de 1922 no se consigue desechar la impresión de que los distinguidos ciudadanos a los cuales se debe la compilación del texto definitivo, si bien se tomaron el trabajo de examinar la misma máquina desmontada pieza por pieza, no llegaron a tener una idea precisa de su funcionamiento, habiendo querido dar a toda costa su opinión respetabilísima acerca de la medida de cada ruedecilla y sobre la curvatura de cada leva, sin preguntarse si la pequeña variación de un detalle no podría impedir por ventura el movimiento de los engranajes esenciales. Lo que confirma una vez más, aunque ello no sea menester, la necesidad de que el texto de las leyes, y especialmente de las esencialmente técnicas como son las leyes de procedimiento, sea sometido, antes de la publicación, a una revisión formal, a una especie de co-laudo por decir así, confiado a especialistas, capaces de dar a todas las disposiciones aquella rigurosa exactitud de forma, aquella homogeneidad de terminología, sin las cuales es inútil esperar que puedan ser evitadas en la práctica judicial las inseguridades y los conflictos de interpretación. No me parece que se ofenda la dignidad del Parlamento reconociendo que la cualidad de autorizado hombre político puede muy bien no ir acompañada de la cualidad de procesalista experto, como está luminosamente probado por aquel comentario del R. D. de 24 de julio de 1922, publicado por el Senador Indri, relator del Oficio central del Senado[14], en el cual, en conciencia, yo no me atrevería a aconsejar a los estudiantes que fueran a aprender los principios del procedimiento de inyunción.

---

anteriormente, primera parte, nota 2 a pág. 16.

14 *Il procedimento d'ingiunzione,* ya citado. Sobre algunos de los errores contenidos en este comentario he tenido ya ocasión de detenerme anteriormente, parte segunda, ns. 23, 33, etc.

5. *Ejemplos: en especial la oposición fuera de término en el artículo 11*

De estas inexactitudes de formulación técnica, de estos defectos de coordinación sistemática que serán mañana la delicia de los causídicos, el R. D. de 24 de julio de 1922 está lleno; y sería fácil, si viniese a cuento, citar por docenas los ejemplos.

Si nos quisiéramos detener en las simples impropiedades de terminología, podríamos citar en el artículo 9 un ejemplo típico de cómo se puede en una sola disposición emplear tres veces el mismo vocablo en sentido sucesivamente diverso. Éste es, también aquí, el efecto de una interpolación introducida en el texto original por el Oficio central del Senado[15]; ya que mientras el artículo 9 tal como estaba en el *Proyecto* Mortara, al regular el intento de conciliación, empleaba por dos veces la palabra "partes" en el sentido propio (esto es, para indicar a los litigantes, *en persona)*, el artículo 9 del texto definitivo contiene en su parte central una especie de cuña interpuesta, en la cual la misma palabra "partes" está usada en un sentido más amplio, que se extiende a los procuradores de las partes. También este segundo significado está admitido en nuestra práctica y se encuentra expresamente consagrado por el artículo 55 del Reglamento de 31 de agosto de 1901; pero no parece que sea igualmente admisible, desde el punto de vista de la buena técnica legislativa, que en un mismo artículo, en que toda la *vis* de las disposiciones está en distinguir entre la comparecencia de las partes en persona y la comparecencia de sus procuradores, se emplee una misma palabra para indicar los dos términos que se quieren distinguir, atribuyendo a la misma la virtud camaleónica de cambiar repetidamente el significado de una proposición dentro de un mismo período.

Hasta aquí, sin embargo, se trata de simples inexactitudes de expresión, tales que basta para suplirlas el buen sentido de cualquiera aun mediocre intérprete; y alguno podría pensar que poner de relieve estas pequeñeces constituya minuciosidad estéril. Pero en otros casos, las interpolaciones introducidas durante las discusiones parlamentarias han llevado, en absoluto, a patentes contradicciones que ninguna habilidad de intérprete conseguiría justificar; aludo especialmente al artículo 11 sobre el cual parece oportuno detenerse un poco más ampliamente, porque el mismo es uno de los campeones más conspicuos del complicado bizantinismo en que se pierden ciertas disposiciones de este Decreto. El artículo 11 regula la oposición a la inyunción hecha después del vencimiento del término; sobre la oportunidad de admitir en el procedimiento monitorio la posibilidad normal de una oposición fuera de término hablaré dentro de poco (en el n. 11); aquí me ocupo solamente de la forma en que, admitida una oposición semejante, el artículo se expresa para regularla. Los artículos 10 y 11 del originario *Proyecto* Mortara distinguían el caso en que la oposición no hubiera sido propuesta dentro del término establecido en la inyunción, del caso en que, habiendo sido propuesta la oposición dentro de término, el deudor oponente no hubiera comparecido en la audiencia fijada con el acto de oposición; caso en el cual se establecía que el juez, mediante ordenanza, autorizase al acreedor a proceder a la ejecución. En ambas hipótesis el deudor podía hacer oposición

15 Cfr. el punto n. 5 del orden del día presentado a la Comisión del Oficio Central del Senado en la Sesión del 3 de julio de 1922 (*Acios del Senado*, Legisl. XXVI, 1a Sesión, Discusiones, pág. 3368).

aun después del vencimiento del término; esto es, podía en el primer caso *proponerla por primera vez* "después de transcurrido el término establecido en la inyunción", y, en el segundo caso, *proponerla de nuevo una segunda vez* "después de la ordenanza prevista en el artículo anterior". Disposición criticable en cuanto a su contenido, pero perfecta en cuanto a su formulación. Pues bien, durante el debate parlamentario, se puso a discusión la excesiva longanimidad de estas normas; y se consideró justo excluir la facultad de hacer oposición fuera de término en los casos en que existiera la seguridad absoluta de que el deudor había tenido oportuno conocimiento de la inyunción y en los que, por consiguiente, la falta de oposición en término no pudiera ser atribuida más que a su consentimiento o a su negligencia. Se tuvo así, en la nueva formulación del artículo 11, el añadido, que quedó después como proposición inicial en el texto definitivo, de que la oposición fuera de término puede ser propuesta solamente "*cuando el decreto de inyunción no haya sido notificado en propia persona*". El criterio que preside a esta variación habría debido llevar lógicamente a excluir de un modo absoluto la nueva proposición de la oposición fuera de término, en el caso en que el deudor, después de haberse opuesto una primera vez dentro de término, no hubiera comparecido en la audiencia fijada en el acto de oposición: ya que el hecho de que el deudor haya formulado oposición una primera vez, prueba de un modo irrefutable que está en conocimiento de la inyunción emanada contra él. Pero (y he aquí el punto más sorprendente) el artículo 11 no ha tenido el valor de suprimir en absoluto esta facultad de reproducir las oposiciones fuera de término, y ha creído hacer una cosa racional y equitativa, siguiendo también aquí una vía intermedia: esto es, estableciendo que también esta nueva proposición de la oposición, consecutiva a una primera oposición ya propuesta en término pueda tener lugar solamente "Cuando el decreto de oposición no haya sido notificado en propia persona". Parece con esto que los redactores del artículo no se hayan dado cuenta de que una restricción semejante, racional para el caso de oposición propuesta por primera vez fuera del término, resulta vacía de sentido en la hipótesis de oposición propuesta por segunda vez, porque en este último caso basta el hecho de la primera oposición para demostrar que el deudor ha tenido conocimiento oportuno de la inyunción y no hay necesidad, para argumentar si tal conocimiento existía o no, de remontarse a la notificación de la inyunción. Si se considera, con un exceso de longanimidad, que cuando el deudor no ha comparecido en la audiencia fijada por la primera oposición, ello puede derivar de motivos de fuerza mayor por lo que es equitativo concederle la facultad de proponer la oposición una segunda vez, entonces no se comprende por qué estos motivos de su falta de comparecencia deban ser menos respetables en los casos en que la inyunción ya ha sido inicialmente notificada en propia persona.

También aquí, pues, la única explicación de una disposición tan barroca y poco categórica se puede encontrar en la falta de coordinación del texto legislativo[16]; se ha introducido en el artículo 11 la proposición inicial que tenía un sentido y una función frente a la proposición inmediatamente siguiente, y no se ha pensado que la misma resultaba superflua y, más que superflua, absurda frente a la proposición posterior.

---

16 Confirmación de esto en MORTARA, ***Appendice***, cit., pág. 104; *Comm.*, 4a ed., vol. V, n. 564, pág. 780.

§ III. B) FALTA DE RAPIDEZ Y DE SIMPLICIDAD

6. *Carácter fundamental del proceso ejecutivo en nuestro derecho: la excesiva indulgencia para el deudor*

Pero los defectos hasta ahora indicados cuentan poco: pueden ser, eso sí, una dolorosa prueba del escaso cuidado que los competentes oficios dedican a la forma (que quiere decir claridad) de los textos legislativos; pero son, en sustancia, vicios que están en la superficie y que podrían ser eliminados sin excesiva fatiga por una comisión de técnicos revisores.

El defecto más grave de este procedimiento de inyunción, es otro: que el mismo, más que a proporcionar un rápido medio de tutela al acreedor que quiere ser pagado, trata de asegurar una serie de escapatorias y de escondites al deudor que no quiere pagar. Que en nuestro derecho todos los ordenamientos procesales, y en especial el proceso ejecutivo, están inspirados en una excesiva indulgencia hacia el deudor, la cual nos autoriza a afirmar, parafraseando irónicamente un célebre pasaje latino, que en nuestro proceso ***melio est conditio debitoris***, es verdad archisabida y lamentación antigua. Las hermosas páginas que hace una decena de años, el recordado Vittorio Sacerdoti, escribía sobre la lentitud y, casi diríamos, la desgana con que nuestras leyes tutelan al acreedor[17], no están olvidadas, y son de actualidad hoy como entonces. Y es singular que también este procedimiento de inyunción, que debería precisamente tender con todas las fuerzas a asegurar al acreedor la rápida conquista del título ejecutivo, y en el cual hasta la misma terminología empleada por la ley (que habla de "acreedor" y de "deudor" donde sería procesalmente más correcto hablar de "demandante" y de "intimado") parece que quiera dar a entender que este procedimiento parte de considerar *a priori* demostradas las razones de quien se afirma acreedor, se manifieste en realidad más que otra cosa cuidadoso de no turbar con medidas demasiado enérgicas y apresuradas el sueño del deudor y de facilitar a éste los más variados e ingeniosos expedientes para cortar el camino a su adversario.

En verdad, también este nuestro procedimiento de inyunción, que en las palabras se proclama hecho para caer pronto y bien sobre el deudor, pero que en sustancia se derrite de piedad por él y se apasiona por el temor de hacerle demasiado daño, está dominado por aquella especie de aberración óptica, por la cual, en todas nuestras leyes procesales, el deudor representa el papel del desvalido, golpeado por los reveses de la fortuna y de las calamidades familiares, y el acreedor el del parásito voraz, dispuesto, como el viejo Shylock, a saciarse con la carne de su inocente víctima. Casi se podría decir que nuestras leyes, siempre que han de preparar para el acreedor un arma que sirva para recuperar sus créditos, lo hagan, de mala gana, sin poder disimular una profunda simpatía por aquel contra el cual esta arma debería ser dirigida; y cada vez que en el Parlamento se discute sobre estas cuestiones, no falta nunca algún representante de los partidos de izquierda que siente el deber de defender la suerte de los deudores, porque, a su entender, acreedor

17 *La tutela del creditore*, prolusión leída el 1° de marzo de 1915 y publicada en la *Riv. dir. comm.*, 1921, I, págs. 19 y sigs.

equivale a capitalista y la causa de los deudores se identifica con la causa de las clases menos pudientes. Pero, ¿es justa esta identificación? Yo creo que no. En realidad basta tener un poco de práctica de los negocios para saber que en la mayor parte de los casos el deudor no es una víctima sino que es un deshonesto, no es un exprimido por la avidez del acreedor, sino que es él el vampiro y el que disfruta del trabajo y de la confianza de éste. Y muchas veces aquella que es, en la tradición literaria, la representación típica del acreedor prepotente e implacable frente al deudor débil y humillado, merecería ser invertida; ya que acreedor es el pequeño comerciante que ha dado sus mercaderías bajo palabra, o el artesano que ha anticipado su trabajo, o el profesional que cuando se le reclama su obra la presta de buen grado sin que su pudor le consienta pactar la compensación, o el pequeño burgués que de la puntualidad ha hecho un culto y que por el retardo de un pago que se le ha prometido ve desequilibrado todo su modesto presupuesto; mientras que deudor es, a menudo, el que entre los oficios honestos, todos fatigosos y duros, ha preferido escoger aquel, mucho más cómodo y remunerativo, de vivir a costa de quien trabaja, o aquel que, por razón del patrimonio heredado, estima indecoroso cualquier empleo que no sea el garito elegante, o que, en virtud de la nobleza de sangre, se siente tan superior a las turbas destinadas a servir, que considera como reo de rebelión al proveedor que solicita el pago de la cuenta.

Considero que no sería difícil demostrar históricamente que los períodos en que la tutela de los acreedores aparece más débil y relajada corresponden a períodos de desorden económico y de decadencia civil; y hoy en que está de moda tener la disciplina siempre en la boca, yo pienso que nada contribuiría tanto entre nosotros a la renovación de los negocios y al mejoramiento de las costumbres públicas como una serie de leyes procesales que afectasen inexorablemente a los deudores que no cumplieran y que volvieran a dar toda su importancia al principio elemental, y por esto muchas veces olvidado, de que las deudas deben ser pagadas puntualmente.

7. *También el procedimiento de inyunción tiene el mismo carácter: demostración*

En este justo rigor no se inspira, desgraciadamente, el procedimiento de inyunción del R. D. de 24 de julio de 1922, el cual, aun cuando haya tenido su primer ideador en Ludovico Mortara, que ha protestado siempre contra la morbosa indulgencia de nuestro procedimiento a favor de los deudores[18], ha debido adaptarse a templar, e incluso a ocultar del todo, sus más preciosas virtudes con tal de superar las desconfianzas parlamentarias[19] y la resistencia misoneística de nuestros círculos judiciales y forenses a la idea de un procedimiento ejecutivo sin contradictorio[20]. Así, en el R. D. de 24 de julio de 1922, del verdadero procedimiento monitorio no ha quedado más que una

18 Cfr. últimamente las propuestas de reforma de la ejecución forzada contenidas en el citado volumen *Per il nuovo Codice della procedura civile,* págs. 123 y sigs.

19 Cfr., por ejemplo, el discurso del senador GALLINI en la sesión del 3 de julio de 1922 (Discusiones citadas, pág. 3361), y el del hon. MUSATTI a la Cámara en la sesión del 12 de mayo de 1922 (*Actos de la Cámara,* Legisl. XXVI, 1a Ses., Discusiones, pág. 4475).

20 MONTARA, *Appendice, cit.,* pág. 117.

sombra; y el deudor capcioso y tergiversador nada tiene que temer de este R. D., el cual consagra un procedimiento fiero en el nombre, pero domesticado en la sustancia: un procedimiento que no sólo es contra el deudor un arma descargada, sino que puede incluso convertirse en ciertos casos en un arma para herir al mismo incauto acreedor que se quiera servir de ella.

La mejor justificación de este juicio nace de un cuadro, elocuente en su lacónico carácter esquemático, que publico como apéndice a este trabajo; cuadro que, en la representación sinóptica de las complicaciones de este procedimiento, ofrece incluso, en la disposición tipográfica, la imagen de un verdadero sistema táctico de trincheras y de alambradas escalonadas en serie.

Pero, en medio de esta complicación que resulta en beneficio absoluto de quien no tiene interés en ir de prisa, esto es, del deudor, tres puntos me parece que merecen ser especialmente puestos en claro, porque en ellos queda de relieve, de una manera particular, la debilidad congénita de este procedimiento:

a) La disposición, que exige como condición de admisibilidad del procedimiento de inyunción la prueba escrita del crédito;

b) Las disposiciones que regulan los modos, y los términos de la oposición del deudor a la inyunción;

c) La disposición que en ciertos casos consiente al deudor proponer acción por daños contra el acreedor que se haya valido de este procedimiento.

En relación a cada uno de estos tres puntos, podremos con provecho plantearnos la pregunta de si para el acreedor resulta más ventajoso el proceso contumacial ordinario o el procedimiento por inyunción; y veremos que la respuesta no será a favor de este último.

8. *a) El requisito de la prueba escrita del crédito*

Según el artículo 1 del R. D. de 24 de julio de 1922, entre las condiciones de admisibilidad del procedimiento de inyunción, figura la de que el crédito alegado por el recurrente aparezca "fundado sobre prueba escrita" (cfr. segunda parte, § VI).

Nuestro legislador, llegado el momento de introducir también entre nosotros el procedimiento monitorio como instituto general, habría podido escoger entre dos modelos ya en vigor en otras legislaciones procesales: el procedimiento *monitorio puro* (*Mahnverfahren*) que encuentra su expresión más perfecta en la ley austríaca de 27 de abril de 1873, n. 67, y que ha sido adoptado con leves modificaciones por Hungría, en los §§ 588 y sigtes. de la ley procesal, y ahora de la República Checoeslovaca, por la ley de 1° de abril de 1921, n. 161, y adoptado también, si bien con formas más complicadas, por el Ordenamiento procesal alemán (§§ 689-702, copiados después por los §§ 382-395 del Ordenamiento procesal civil japonés); y el procedimiento *monitorio documental* (*Mandatsverfahren*) del Ordenamiento procesal austríaco (§§ 548-554, adoptado también por la ley búlgara del 30 de noviembre de 1897, n. 206) (cfr. primera parte, § II). La estructura de estos dos procedimientos no es fundamentalmente diversa: ambos, en efecto, están destinados a crear rápidamente el título ejecutivo, invirtiendo la iniciativa del contradictorio sobre el deudor y utilizando como motivo de declaración de certeza del crédito la falta de reacción por parte del deudor dentro de un término preestablecido; pero, mientras en el procedimiento monitorio puro la declaración de certeza se basa únicamente sobre la afirmación no probada del crédito hecha por el demandante y sobre la preclusión del derecho correspondiente al deudor de contradecir a la misma, en el procedimiento monitorio documental la afirmación no da derecho al libramiento de la inyunción sino cuando sea reforzada por la prueba escrita de los hechos constitutivos del crédito afirmado.

De estos dos modelos, nuestro legislador (que, sin embargo, en 1913 había aceptado en el Ordenamiento judicial de Libia el procedimiento monitorio puro de la ley austríaca de 27 de abril de 1873) ha considerado preferible adoptar, como instituto general en el Reino, el segundo; y como razón de esta preferencia se ha señalado, en primer término, la oportunidad de "evitar el peligro de abusos que habrían podido producirse, especialmente en algunos lugares del Estado más inclinados a la litigiosidad"[21], o sea, en palabras más simples, el conocido temor de que el procedimiento monitorio puro, basado sobre la simple afirmación del acreedor, pudiera resultar demasiado gravoso y demasiado vejatorio para los deudores. Ahora bien, aun cuando, fuera de los sensatas críticas de Segni[22], este punto del R. D. de 24 de julio de 1922 no haya suscitado objeciones (ya que tanto Chiovenda en el art. 197 de su *Propuesta* como Mortara en el art. 247 de su *Esquema* de reforma recientemente publicado, mantienen firme, como presupuesto del procedimiento de inyunción, el requisito de la prueba escrita del crédito), yo estoy decididamente convencido de que nuestro legislador habría proveído mucho mejor a la rápida tutela de los créditos, si hubiese adoptado como instituto general el procedimiento monitorio puro de la ley austríaca de 27 de abril de 1873, pero extendiéndolo, como lo ha hecho el Ordenamiento procesal alemán, a los créditos de cualquier valor.

Los motivos de esta preferencia mía derivan no solamente de considerar que el *Mandatsverfahren* austríaco, (que, sin embargo, encuentra una razón especial de ser en la mayor cautela con que aquel Ordenamiento procesal, a diferencia del nuestro, admite la inmediata ejecutoriedad de los actos contractuales) no tiene una importancia práctica ni siquiera parangonable con la del *Mahnverfahren* alemán[23]; sino sobre todo, de la observación de que limitando el procedimiento monitorio a los solos créditos probados por escrito se

21 MORTARA, *Appendice*, cit., pág. 76.

22 En *Studi Sassaresi*, 1922, págs. 201 y sigs.

23 De la *Oesterr. Statistik*, 13 *Bd. Neue Folge, I Heft* (Wien, 1915) resulta que en los años 1911 y 1912 el número de los mandamientos de pago librados en toda Austria mediante el Mandatsverfahren y no seguidos de oposición fue, respectivamente, de 2778 y de 3340; la pequeñez de este número, frente a la amplia aplicación que del Mahnverfahren se hace en Alemania resulta, sin necesidad de más precisas confrontaciones, de las cifras referidas por STEIN (Iustizreform, pág. 94), el cual se lamenta de que desde el 1880 al 1903 los negocios terminados en Alemania mediante el Mahnverfahren hayan quedado estacionados entre los 2.050.000 y los 2.024.000 al año. Obsérvese, pues, que SKEDL, en su trabajo Zur Zivilprozessreform (Wien, 1912) augura (pág. 25) también en el derecho austríaco una más amplia extensión del proceso monitorio puro.

viene a restringir, en medida casi irrisoria, la aplicabilidad del mismo, y, además, a poner al acreedor que quiera accionar para la satisfacción de su crédito, en condición de poder alcanzar el propósito más fácilmente con el procedimiento ordinario que con este proceso de inyunción, el cual debería estar, por el contrario, destinado, como se ha dicho, a hacer la competencia precisamente al proceso ordinario

Es sabido, en efecto, que, aun cuando no esté en vigor, hasta ahora, en nuestro proceso contumacial, el principio, aceptado por otras legislaciones, de que, en contumacia del demandado, los hechos afirmados por el actor se tengan por admitidos, sino que es necesario, por el contrario, que el actor dé en cada caso la prueba de los hechos afirmados por él, sin embargo, tampoco está prescrito que en contumacia del demandado esta prueba se dé mediante escritura: incluso buena parte de las sentencias contumaciales que condenan al demandado están basadas sobre la simple afirmación del actor, el cual, habiendo deferido al demandado contumaz el interrogatorio sobre los hechos constitutivos del crédito, no tiene necesidad de dar otra prueba de éstos cuando se verifique la llamada *ficta confiessio*, o sea la preclusión del artículo 218 del Código de procedimiento civil[24]. Ocurre así que la expeditiva declaración de certeza mediante preclusión, basada sobre la afirmación del actor y sobre la falta de contradicción por parte del demandado, puede constituir fundamento de una sentencia contumacial ordinaria, pero no de la inyunción de aquel procedimiento monitorio, cuyo típico destino debería ser precisamente, en armonía con su especial estructura, el de utilizar hasta el máximo grado, la declaración de certeza mediante preclusión.

Todo esto, si es bastante extraño en términos teóricos, es, en la práctica, desastroso para el buen éxito del proceso de inyunción. Piénsese, en efecto, que el acreedor, cuando su crédito resulte de declaración contractual de certeza provista por sí misma de fuerza ejecutiva, no tendrá interés (salvo el caso de que se quiera inscribir hipoteca judicial) en proveerse de la inyunción, porque el título ejecutivo la tiene ya y porque la inyunción del R. D. de 24 de julio de 1922, nada añade, según autorizados intérpretes, a la certeza del crédito (cfr., más adelante, n. 11). Por otra parte, el acreedor que no tenga una prueba escrita del crédito no podrá, como se ha dicho, servirse de este procedimiento, el cual quedará, por eso, reservado a aquellos pocos casos en que el acreedor, aun no teniendo un documento de por sí ejecutivo, esté, sin embargo, en situación de proporcionar una prueba escrita completa y rigurosa de su crédito, que los jueces, como se ha visto en este primer año de experimento, tienden a valorar con espíritu restrictivo y con exceso de cautelas (cfr. segunda parte, n. 24).

Este procedimiento de inyunción, que se podía en teoría considerar como un remedio no despreciable contra la aglomeración de trabajo en los tribunales, se nos aparece así en la práctica como un instituto limitado a un número de casos relativamente exiguos, y destinado a enriquecer, para consuelo de los estudiosos, el número de los empolvados ejemplares de nuestro museo procesal, pero no ciertamente a hacer sentir un influjo benéfico sobre el problema apremiante que fatiga nuestra vida judicial.

No se diga en contrario que el procedimiento monitorio puro, basado sobre

24 Cfr. CHIOVENDA, *Principii*, págs. 743 y 758.

la simple afirmación del acreedor, amenaza resultar (especialmente si no se establece para el mismo ningún límite de valor) peligroso para el pretendido deudor, el cual, sólo porque se le ocurra al primer aventurero alegar contra él un crédito inexistente, puede de improviso encontrarse expuesto a una ejecución forzada por sumas ingentes, ignorando incluso, a falta de notificación en propia persona, el pronunciamiento de la inyunción. A estas objeciones se responde, ante todo, que el mismo peligro existe hoy en el proceso ordinario, cuando a la citación no notificada en propia persona siga en contumacia del demandado una condena basada sobre la *ficta confessio* del artículo 218 del Código de procedimiento civil; que el mismo peligro existiría, en medida mucho más grave, en el proceso ordinario mañana, si, como se propone, se aceptase en el nuevo código procesal el principio de que en contumacia del demandado "los hechos afirmados por el actor serán considerados como admitidos"[25] o que "la demanda del actor puede ser acogida sin necesidad de instrucción"[26]; y que, por otra parte, sería fácil obviar a los temidos peligros con una disposición precaucional, la cual, en los casos en que la inyunción no se basase sobre prueba escrita sino sobre la simple afirmación del acreedor, condicionase su eficacia ejecutiva a la prueba, que el acreedor habría de dar, de haberla hecho notificar al deudor en propia persona.

9. b) La regulación de la oposición en la inyunción: la correcta concepción de este instituto

A graves críticas se presta, a mi entender, la regulación que el R. D. de 24 de julio de 1922 da a los varios casos de oposición a la inyunción (arts. 6, 11-13).

Sobre este punto yo soy de parecer que a un ordenamiento satisfactorio y conveniente del procedimento de inyunción no se puede llegar sino cuando el legislador parte de una concepción teóricamente exacta de este instituto. Si se concibe el procedimiento monitorio, por las razones que he expuesto anteriormente (cfr., primera parte, ns. 17-21), no corno un modo de iniciar la ejecución, sino como una forma abreviada de proceso de cognición destinado a obtener la cosa juzgada a través de una declaración de certeza basada sobre la preclusión, es necesario poner como base de su ordenamiento positivo los siguientes fundamentos que son directa consecuencia de esta concepción:

1° Que cuando contra la inyunción no se propone oposición en el término fijado, aquélla adquiere la eficacia de una declaración jurisdiccional de certeza, *transit in rem judicatam*[27], como una verdadera y propia sentencia, aunque sea contumacial.

2° Que la oposición propuesta dentro de término por el deudor significa no ya impugnación de la inyunción, la cual antes del vencimiento del término no tiene eficacia alguna, sino simple declaración de querer pasar del proceso monitorio al proceso ordinario en contradictorio[28].

---

25 Propuesta Chiovenda, art. 80.

26 Propuesta Mortara, art. 213.

27 Cfr. CHIOVENDA, *Principii*, págs. 212 y 1195; así como los autores citados por SKEDL, *Das Mahnverfahren*, cit., pág. 28, y por CHIOVENDA, *Principii*, pág. 216, nota 2.

28 Correctamente, sobre este punto, enseña SKEDL, *ob. cit.*, página 129, que la oposición "no es

3° Que, por consecuencia, el significado y el efecto de la oposición a la inyunción son profundamente diversos según que esta se proponga dentro del término o después del vencimiento del mismo. En el primer caso, la oposición hace que resulte inútil la tentativa del acreedor de llegar a la cosa juzgada mediante la preclusión, y, por consiguiente, la inyunción pierde todo vigor, no ya porque sean fundados en mérito los motivos sobre los cuales se basa la oposición[29], sino porque ha faltado la condición bajo la cual la inyunción había sido emanada, quedando reducida la petición del acreedor a una demanda judicial que da inicio a un procedimiento ordinario *(resolvitur in vim simplicis citationis)*[30]; mientras en el segundo caso el oponente encuentra en la inyunción un pronunciamiento que tiene la misma fuerza de una sentencia contumacial, y, por consiguiente, la oposición, en cuanto sea admitida, tiene la naturaleza de un medio de impugnación, dirigido a hacer que desaparezca una declaración jurisdiccional de certeza ya existente por los motivos y dentro de los límites en que se puede impugnar una sentencia contumacial ordinaria.

10. *En qué puntos el R. D. de 24 de julio de 1922 se separa de esta concepción: los efectos de la oposición en término*

De ésta, que es, a mi entender, la concepción históricamente fiel y dogmáticamente racional del procedimiento monitorio, se separa en varios puntos el R. D. de 24 de julio de 1922.

El Decreto construye la oposición como medio de inyunción no sólo en el caso de oposición fuera de término, sino también en el caso en que la oposición se proponga dentro de término, esto es, antes de que la inyunción haya adquirido la eficacia de declaración de certeza ejecutiva. El efecto de la oposición propuesta en término no es ya aquel, comúnmente establecido por las leyes que aceptan el procedimiento monitorio puro (ley austríaca de 27 de abril de 1873, § 9; Z. R O. alemana, § 695; Ordenamiento de Libia, art. 54; Cód. proc. penal, art. 301), de hacer caer, en la nada la inyunción por falta de la condición suspensiva negativa a que su paso en autoridad de cosa juzgada está sometido, sino que es el de "suspender la eficacia ejecutiva de la inyunción, quedando firme el efecto de la pendencia de la litis" (art. 12); de suerte que en el juicio en contradictorio que sigue a la oposición, no se decide directamente sobre el derecho del acreedor[31], sino que se decide si la inyunción debe o no mantenerse firme. Esta fusión de las dos oposiciones en una sola figura estaría

---

negación del crédito, sino que es recusación de la forma de procedimiento que abrevia los derechos del deudor"; cfr. Goldenring, trabajo cit., pág. 481, según el cual la oposición es "una declaración del demandado, la cual da a conocer que él no quiere hacerse juzgar en contumacia". Cfr. ahora, acerca de la naturaleza de la oposición, Segni, *L'opposizione,* cit., n. 16.

29 Por el § 8 de la ley austríaca de 27 de abril de 1873 y por el art. 54 del ordenamiento judicial de Libia, la oposición en tiempo del deudor hace caer la orden de pago por sí misma, sin necesidad de enunciar los motivos sobre los cuales se basa.

30 Cfr. Chiovenda, *Principii,* pág. 216, nota 1. Y ahora, ampliamente, con extensas referencias históricas, Segni, *L'opposizione,* cit.

31 Cfr. en cuanto al procedimiento monitorio alemán, Goldenring, trabajo cit., pág. 485: "La sentencia decide directamente sobre el crédito hecho valer, no ya sobre el punto de si la orden de pago debe ser mantenida firme".

justificada, según Mortara[32], por la ventaja obtenida con "reducir a fisonomía y regulación única los juicios de oposición propuestos dentro de término y los propuestos fuera de término"; pero, en verdad, yo no consigo ver cuáles sean las ventajas prácticas de esta aparente simplificación, obtenida, como he tratado de demostrar, con daño de los principios. Me parece, en efecto, que la consecuencia práctica más evidente, y no ciertamente provechosa, de esta unificación es una mayor complicación del juicio en contradictorio que sigue a la oposición, así como de la eventual sucesiva ejecución forzada: en efecto, mientras en las legislaciones que dan a la oposición propuesta dentro de término el efecto de hacer caer en la nada la inyunción, el objeto del juicio en contradictorio es simplemente la existencia del crédito, de suerte que, si la existencia de éste es reconocida, el título ejecutivo es la sola sentencia de condena, según el R. D. de 24 de julio de 1922, en el cual el juicio provocado por la oposición está configurado como un *judicium rescindens,* "el paso en autoridad de cosa juzgada de la sentencia que rechaza la oposición da fuerza ejecutiva irrevocable a la inyunción" (art. 12), lo que significa que título ejecutivo no es directamente la sentencia de condena, sino que la sentencia tiene solamente la función mediata de atribuir fuerza de título ejecutivo a la inyunción[33]. Me parece que el acreedor resulta, en lugar de favorecido, fuertemente obstaculizado, con todo esto; ya que, aparte el bizantinismo de esta especie de "giro indirecto" por la cual en el juicio en contradictorio se puede discutir el crédito sólo mediatamente a través de la impugnación de la inyunción, es previsible que cuando la sentencia rechace la oposición y dé con eso fuerza ejecutiva a la inyunción, el acreedor encontrará en el estadio de ejecución un aumento de formalidades y de gastos, derivados de deber proceder a base de un título ejecutivo diluido en dos diversos documentos[34].

Verdad es que la disposición según la cual la oposición, aun cuando propuesta en término, no basta a hacer caer en la nada la inyunción, encuentra una justificación, según el ejemplo del *Mandatsverfahren* austríaco, en la misma naturaleza del proceso monitorio documental; en el cual, fundándose la inyunción sobre pruebas escritas que no pierden todo valor por el solo hecho de la oposición del deudor, cabe que parezca lógico que la eficacia de la inyunción, basada desde el inicio sobre la prueba dada por el actor, no pueda desaparecer sino cuando en el juicio de oposición el demandado no haya dado a su vez la prueba de sus excepciones (cfr. primera parte, n. 9). Sin

32 Relación al proyecto de ley de 16 de julio de 1919 (Legisl. XXIV, doc. n. 1177, pág. 3).

33 Cfr. MORTARA, *Appendice,* cit., págs. 108-109.

34 A fin de que la inyunción adquiera fuerza de título ejecutivo es necesario que el canciller haga constar, por medio de anotación extendida en el ejemplar del decreto que queda en poder del acreedor, la falta de oposición (art. 6); si el deudor hace oposición dentro del término, el canciller no librará tal anotación, porque habrá sido informado por el oficial judicial de la presentación de la oposición (art. 8). Sentada esta premisa, si la oposición es rechazada, ¿de qué modo podrá el acreedor hacer que resulte en la fase ejecutiva tal rechazo y, por tanto, la consiguiente ejecutividad de la inyunción? Si, como enseña MORTARA *(Appendice,* cit., pág. 108), "de esta convalidación del decreto no se pide atestación oficial en el original que tiene el acreedor", es evidente que para iniciar la ejecución el acreedor deberá notificar al deudor la sentencia de rechazo, única prueba de la ejecutividad de la inyunción.

embargo, a esta observación es fácil responder, ante todo, que, si se aboliese, como yo propondría, la limitación del procedimiento de inyunción a los solos créditos fundados sobre prueba escrita, caería también este único argumento, más teórico que práctico, a favor de la disposición hasta ahora criticada; y que, de todos modos, aunque se conservase la limitación a los créditos resultantes de prueba escrita, ningún motivo de incompatibilidad racional impediría admitir un procedimiento monitorio documental en que a la simple oposición propuesta en término se atribuyese el efecto de reducir a la nada también la inyunción fundada sobre pruebas escritas[35]. En el proceso monitorio documental, en efecto, la prueba escrita proporcionada por el acreedor no sirve, igualmente, ella sola para dar vida a la declaración de certeza; también aquí la eficacia de la inyunción depende de una circunstancia de naturaleza formal, esto es, de la verificación de la preclusión; y si esta preclusión falta, porque dentro del término fijado el deudor manifiesta su voluntad de contradecir, la prueba proporcionada por el actor sigue siendo una producción unilateral sujeta a la prueba contraria, y no hay ya razón, una vez que la valoración de las pruebas debe desarrollarse en contradictorio, de mantener con vida un pronunciamiento que presuponía la falta del contradictorio.

11. *La oposición fuera de término*

Pero el defecto más grave que me parece observar en la regulación de la oposición es la amplitud con que ésta se admite aun después de transcurrido el término establecido en la inyunción, sin limitación alguna de motivos y con la sola diferencia de que, mientras la oposición presentada dentro del término suspende ***ipso jure*** la inyunción, la propuesta después no tiene efecto suspensivo sino por expreso pronunciamiento del juez (arts. 11 y 12).

La excesiva amplitud de esta disposición, de la cual ya se dijo algo (en el n. 5) al hacer referencia a la defectuosa formulación del artículo 11, aparece en toda su evidencia al establecer un parangón entre esta oposición fuera de término y la oposición contumacial de los artículos 474 y siguientes del Código de procedimiento civil, que tiene con aquélla tantos puntos de afinidad; a quien se tome el trabajo de hacer, esta confrontación, la tan vituperada oposición contumacial, ya condenada a muerte desde el Proyecto Orlando, se le presentará "parece imposible" como un modelo de simplicidad y de rapidez. Verdaderamente, si también la oposición tardía a la inyunción es excluida, lo mismo que la oposición contumacial, de la notificación en persona propia (art. 11 del R. D. de 24 de julio de 1922; arts. 474 y 477 del Código de proc. civ.), el proceso contumacial ofrece, sin embargo, al acreedor, en la renovación de la citación (art. 382), un medio para ponerse a cubierto de la oposición, que el proceso inyuncional no da. Y si es cierto que la oposición contumacial está sujeta, además de a la oposición, también a la apelación, lo que aumenta en mano del deudor los medios para retardar su ejecución, es verdad igualmente que la apelación es proponible solamente dentro de un término cierto, transcurrido el cual el acreedor tiene la seguridad de que

35 Así es, precisamente, en la propuesta Chiovenda, en la que, aun estableciéndose que el proceso monitorio es admisible sólo para los créditos "resultantes de prueba escrita" (art. 197), se establece, además (art. 202), que "con la presentación de la oposición, la inyunción pierde toda eficacia".

aquel medio de impugnación está ya precluido, y es verdad, además, que la oposición contumacial, se puede proponer también fuera del término establecido en el artículo 475, pero encuentra una absoluta preclusión "en el primer acto de ejecución de la sentencia contumacial" (art. 477 Código de proc. civ.); mientras que la oposición tardía a la inyunción no está limitada dentro de ningún término, y puede proponerse mientras no esté enteramente "cumplido el procedimiento ejecutivo" (art. 15).

Indulgencia verdaderamente inexplicable en un procedimiento que se presenta como específicamente destinado a tutelar con solicitud los intereses del acreedor; en justificación de la cual no vale, por cierto, objetar que, cuando la inyunción no ha sido notificada en persona propia, se debe siempre prever la posibilidad de que el deudor la ignore y se debe por eso dejarle el derecho de defenderse en cualquier tiempo que venga en conocimiento de ella, aun cuando esto ocurra avanzada la ejecución. El mismo razonamiento debería valer entonces también en cuanto a la sentencia contumacial no notificada en propia persona; pero como quiera que, en cuanto a ésta, el legislador ha considerado que el primer acto de ejecución elimine definitivamente toda posibilidad debida sobre el conocimiento efectivo por parte del deudor del procedimiento iniciado contra él, no se consigue comprender por qué el mismo efecto no se deba producir cuando el titulo ejecutivo es una inyunción en lugar de una sentencia contumacial.

El primer origen de este absurdo trato de favor que el R. D. de 24 de julio de 1922 hace a la oposición tardía del deudor debe buscarse, a mi entender, en la inexacta concepción teórica del procedimiento de inyunción, que ha presidido a la formación de aquel Decreto, el cual parece que en algunas de sus disposiciones quiera construir el procedimiento de inyunción como un medio para iniciar directamente la ejecución sin previa declaración de certeza, en coincidencia, no sé si fortuita o consciente, con las ideas sostenidas en Alemania por Skedl[36]. Es cierto que si se acepta esta concepción del procedimiento monitorio, según la cual el decreto de inyunción abre el camino a la ejecución pero no adquiere nunca la fuerza de una declaración jurisdiccional de certeza[37], se debe lógicamente dejar al deudor la posibilidad de hacer oposición a la inyunción también en el proceso ejecutivo, como podría hacerla contra un título ejecutivo contractual; al deudor, en efecto, enseña Montara adhiriéndose a tal concepción, "le queda todavía como posible la oposición en el estadio de la ejecución forzada según la norma del derecho común, *es decir también en cuanto al mérito, ya que no existe todavía la cosa juzgada que precluya su examen*"[38]. Pero si, por el contrario, se sigue la concepción, para mí preferible, que ve en el procedimiento monitorio una forma abreviada del proceso de cognición y en la inyunción una declaración de certeza capaz de pasar en cosa juzgada como una verdadera sentencia, es necesario considerar que en ejecución la existencia del crédito declarado cierto en la inyunción no pueda ser puesta ya en discusión[39], de la misma manera que no pueden

36 Cfr. primera parte, n. 17.

37 Cfr. Mortara, Appendice, cit., págs. 97-98.

38 *Ibídem*, pág. 105.

39 CHIOVENDA, *Principii*, pág. 1195: A falta de oposición en término, la providencia se hace

ser ya propuestas de nuevo en el proceso ejecutivo las cuestiones que fueron definidas mediante sentencia en sede de cognición[40]; y que, por, consecuencia, la inyunción, hecha ejecutiva por falta de oposición en término, no pueda ya ser impugnada sino en los modos y en los términos en que la ley admite la impugnación de una sentencia contumacial (cfr. Z. P. O. alemana, § 700). Lo que significa ***in jure condendo*** que, abolida la oposición contumacial según el unánime voto de los competentes[41] debería admitirse contra la inyunción, después de transcurrido el término para la oposición, solamente el remedio de la restitución ***in integrum*** para los casos en que el deudor sin su culpa no haya tenido noticia de la inyunción o haya estado impedido de hacer oposición en término por un caso de fuerza mayor[42].

12. *c) La acción por resarcimiento de daños*

Y, sin embargo, después de las disposiciones que hemos examinado hasta ahora, el R. D. de 24 de julio de 1922 ha tenido miedo de haber sido demasiado severo para el deudor prohibiéndole hacer oposición después del cumplimiento de la ejecución; y para compensarlo del sacrificio que se le impone con esta prohibición, lo ha autorizado para intentar, dentro de seis meses de la venta de las cosas expropiadas, "acción por resarcimiento de daños fundada sobre la inexistencia de la pretensión del acreedor" (art. 15). La única limitación contenida en este artículo es, también aquí, que "el deudor no haya recibido en persona propia la notificación de la inyunción "y que no haya hecho oposición a la inyunción, porque en estos casos cesa toda posibilidad de duda sobre el conocimiento del procedimiento por parte del deudor; pero en todos los otros casos, aunque los actos del procedimiento ejecutivo hayan sido notificados al deudor en persona propia, aunque éste haya hecho los honores de la casa al funcionario judicial que procede al embargo de los muebles y haya entregado con sus propias manos al secuestratario las llaves del fundo subastado[43], puede, si así le place, tener en reserva sus razones y después de seis meses de la venta darse el gusto de aparecer con una acción de daños contra el acreedor, reo de haberlo tomado desprevenido y de hacer procedido con su desconocimiento. Por lo que se comprende que la única incorrección que el deudor de mala le ha de tener de este procedimiento de inyunción, lleno por lo demás de cortesía y de delicadas atenciones a su respecto, es la

---

ejecutiva. Podrán hacerse oposiciones a la ejecución, pero sólo dentro de los límites en que está admitida la oposición contra la ejecución de la sentencia.

40 Mortara, *Comm.*, t. V, n. 92.

41 Cfr. *Relación* al *Proyecto* Orlando de 24 de mayo de 1909 *(Actos de la Cámara,* Legisl. XXIII, Ses. 1909, Doc. 147), pág. 10; *Propuesta* Chiovenda, arts. 86-88 y §§ 106-107 de la Relación; *Pro puesta* Mortara, arts. 212-219.

42 Chiovenda, *Propuesta,* arts. 204 y 88.

43 Mortara, *Appendice*, cit., pág. 116, enseña que la acción por daños debería ser declarada inadmisible por los jueces, "saliéndose de la letra" del art. 15, en todos los casos en que el acreedor pueda probar que el deudor ha tenido noticia del procedimiento ejecutivo. Pero esto no está escrito en la ley, y el mismo Mortara reconoce que "será mejor, cuando se presente la oportunidad, cancelar el inciso del art. 15". Así en *Comm.*, 4ª ed. t. V, n. 564.

notificación en persona propia de la inyunción: si el deudor consigue evitar aquel único peligro "y ciertamente sabrá evitarlo, dejando a la mujer o al criado (nadie ha dicho que los deudores morosos no estén en condiciones de tener criado) oportunas instrucciones para detener en la puerta al funcionario judicial" puede dormir tranquilo: puede omitir hacer oposición en término, puede, sin temor, dejar que la inyunción llegue a ser ejecutiva, puede marcharse, si le agrada, a hacer un viaje al extranjero mientras se desarrolla contra él la expropiación, y después, transcurridos seis meses desde que ésta se llevó a cabo, abrir las hostilidades contra aquel buen hombre de acreedor, cuya paz familiar se encontrará de improviso turbada por la amenaza de una litis larga y dispendiosa, una de aquellas litis de gran estilo, con abogados en contradictorio, que él, al recurrir al procedimiento de inyunción, se había hecho la ilusión de poder evitar.

Si nos limitamos a examinar desde un punto de vista estrictamente jurídico esta acción por daños del artículo 15, la cual constituye para la teoría uno de aquellos monstruos, en el sentido latino de la palabra, que son la delicia de los estudiosos, podemos convencernos fácilmente de que la misma no es para el acreedor un arma excesivamente temible.

Contra una acción semejante, el acreedor podría, verdaderamente, oponer formidables argumentos derivados de principios comúnmente admitidos en nuestro sistema jurídico: no sólo resguardándose detrás de la máxima "*qui iure suo utilitum neminem laedit*" (a lo que el deudor podría replicarle que la acción de daño del artículo 15 no se basa sobre la culpa, sino sobre la responsabilidad objetiva que incumbe a quien se ha valido del procedimiento de inyunción a su riesgo y peligro)[44], pero principalmente negando al deudor la posibilidad jurídica de volver a poner en discusión la eventual "inexistencia de la pretensión del acreedor" sobre la que la acción por daños debería basarse según el artículo 15, cuando ya ha llegado a ser inatacable, por el cumplimiento del procedimiento ejecutivo, la inyunción que de tal pretensión consagra y declara la existencia legal[45]. Nos encontramos, en efecto, frente a esta acción por daños, en una situación del todo similar a la que se verifica frente a la acción civil contra los jueces, cuando la sentencia imputable de dolo haya pasado ya en autoridad de cosa juzgada; para este caso observa justamente Chiovenda[46], de acuerdo con Arturo Rocco[47], que "la acción civil supone no sólo el dolo del juez, sino un hecho *dañoso* injusto. Ahora bien, la sentencia es declaración de derecho, por consiguiente, la cosa juzgada, en sí, no puede considerarse como un hecho dañoso injusto". Para poder superar el obstáculo nacido de estas consideraciones y construir esta acción por daño del artículo 15 en forma de no hacerla aparecer como un verdadero contrasentido jurídico, sería necesario que la misma tuviese el carácter de una oposición a la inyunción, de un verdadero medio de impugnación destinado a hacer

44 Cfr. en cuanto a otros casos de responsabilidad sin culpa en el proceso, CHIOVENDA, *Principii*, pág. 201, nota 1 y pág. 226, nota 2.

45 Cfr. SEGNI, escrito cit., pág. 204.

46 *Principii*, pág. 482.

47 La riparazione alle vittime degli errori giudiziarii *(Napoli, 1906), págs. 231-234.*

revocar la cosa juzgada. Esto, en efecto, afirma Mortara[48]. Pero la ley no lo dice y no lo deja suponer, no obstante que durante las discusiones parlamentarias el Diputado Lucci había pedido oportunas aclaraciones en este sentido[49]; y hasta parece querer excluirlo en la primera parte del mismo artículo 15, el cual dice que llevado a cabo el procedimiento ejecutivo... ninguna oposición se admite ya contra la inyunción□. ¿Se quiere, pues, en abierta contradicción con esta prohibición, hacer revivir la oposición, aun después de cumplido el procedimiento ejecutivo, bajo esta encubierta forma de acción por daños? Y si esta acción por daños no es una forma disfrazada de oposición con carácter de verdadero medio de impugnación, ¿cómo se supera el obstáculo nacido de la cosa juzgada, la cual declara irrevocablemente que la pretensión del acreedor existe?

Se podría continuar indefinidamente entreteniéndose en buscar teorías más o menos ingeniosas, destinadas a hacer entrar en el casillero de los principios esta especie de rompecabezas chino que es el artículo 15. Pero he advertido ya que, desde el punto de vista jurídico, esta acción por daños representa en manos del deudor un arma muy poco temible por su misma monstruosidad; extraordinariamente temible es, por el contrario, desde el punto de vista psicológico, ya que si contra un acreedor honesto y ajeno a las litis se encuentra combatiendo un astuto profesional del litigio, éste podrá, merced al artículo 15, especular brillantemente sobre la inocencia de su adversario, dejándose embargar y vender en subasta cuatro sillas destartaladas, para venir después lleno de desdén a gritar que el acreedor lo ha arruinado, adelantando fieras protestas de daños "materiales y morales", a las cuales el acreedor no será raro que se resigne a someterse con tal de librarse de las amenazas de aquel caballero...

Y también aquí cabe preguntarse si es presumible que un acreedor prudente pueda preferir al proceso ordinario, el cual, en caso de contumacia del demandado, le da el modo de ejecutar, a cubierto de todo temor, incluso una sentencia fundada únicamente (según el art. 218) sobre su afirmación no probada, el procedimiento de inyunción, al fin del cual, cuando ha llegado a hacer ejecutar una sentencia fundada sobre la rigurosa prueba escrita de su crédito, de improviso se le aparece, dejándolo de piedra[50*], la cabeza de Medusa de esta acción por resarcimiento de daños, que lo esperaba emboscada.

13. *El escaso uso práctico del procedimiento de inyunción, derivado de los defectos señalados*

Por todas las razones expuestas hasta ahora, considero que un profesional honesto, al cual un cliente preguntase cuál es la vía judicial más segura para llegar a la satisfacción de un crédito, no podría nunca, en conciencia, aconsejarle el procedimiento de inyunción tal como hoy está organizado:

48 *Appendice*, cit., pág. 114.

49 *Actos de la Cámara,* Legisl. XXVI, Ses. 1a, Discusiones (Sesión del 12 de mayo de 1922), pág. 4421.

50 En el original dice *fado di smalto"*, (entre comillas *"di smalto*), recordando el verso de Dante, en el canto noveno del "Infierno". Me consultado las traducciones a! castellano de Mitre, del conde de Cheste y de Enrique de Montalbán; los tres traducen *smalto* por *piedra.*

engañoso instrumento que parece hecho a propósito para ofrecer al deudor el modo de jugar con el acreedor como hace el gato con el ratón.

Todo esto basta para explicar el escasísimo uso que del procedimiento de inyunción se ha hecho, en este primer año de experiencia práctica. A falta de datos estadísticos oficiales, he querido procurarme alguna información directa de los tribunales de algunas grandes ciudades; y me han resultado cifras absolutamente desconcertantes. Baste decir que ante el tribunal de Nápoles, el cual, según las estadísticas judiciales últimamente publicadas, pronuncia más de un millar de sentencias contumaciales al año (1916: 792 en materia civil, 119 en materia comercial; 1917: 660 civ., 380 comercial; hoy en día estas cifras deben seguramente ser mayores, al emprenderse de nuevo los negocios en la postguerra) el proceso de inyunción ha tenido la suerte siguiente:

	Inyunciones	Oposiciones
desde la entrada en vigor del R. D. de 24 de julio de 1922..........................	54	21
desde el 1° de enero de 1923 al 31 de octubre de 1923	158	57

¡Y éste sería el procedimiento destinado a hacer desaparecer de los tribunales la aglomeración de las sentencias contumaciales![51].

§ IV. C) La hostilidad de los profesionales jurídicos

14. *La hostilidad de los profesionales jurídicos contra el procedimiento de inyunción*

A las razones expuestas hasta ahora, las cuales bastan por sí solas para justificar el resultado verdaderamente desalentador del experimento, se debe añadir otra, la cual existiría también aun cuando la estructura del procedimiento de inyunción estuviese regulada, como hemos visto que no ocurre entre nosotros, del modo más perfecto posible: aludo *a la sistemática hostilidad que contra esta forma de procedimiento manifiestan los profesionales jurídicos.*

51 En Florencia hasta el 31 de diciembre de 1922 el Tribunal pronunció 70 decretos de inyunción; del 1° de enero al 30 de noviembre de 1923, pronunció 135. Cifras no tan desconsoladoras se tienen en el Tribunal de Milán, donde del 1° de enero al 31 de octubre de 1923 se han pronunciado 1404 decretos de inyunción (sobre 1701 demandas presentadas), de los que 355 han dado lugar a oposición. Cfr. para dalos más recientes sobre el uso del procedimiento monitorio en Toscana, el discurso del Procurador general CAMPILI, pronunciado en la Corte de Apelación de Florencia el 7 de enero de 1925 (Firenze, 1925), pág. 7; también este eminente magistrado critica, en la pág. 17 de tal discurso, las complicaciones del procedimiento monitorio hoy en vigor entre nosotros.

A fin de que un procedimiento nuevo, como es para Italia el procedimiento de inyunción, pueda conseguir un rápido desarrollo en la práctica judicial, es indispensable que el mismo sea bien visto no tanto por los que de este procedimiento deben valerse para la tutela de sus créditos, cuanto por los patrocinadores a los cuales éstos se dirigen para ser aconsejados y asistidos en juicio; y si tales consejeros no ponen buena cara al procedimiento de inyunción y sistemáticamente sugieren al cliente la conveniencia de servirse del procedimiento ordinario, el procedimiento de inyunción está, por eso sólo, condenado al fracaso. Ahora bien, si se quiere contemplar el fenómeno con espíritu práctico, es necesario reconocer que en nuestros medios forenses el procedimiento de inyunción ha sido acogido con escasa simpatía, no sólo por los defectos intrínsecos del R. D. de 24 de julio de 1922, sino también por el motivo, que convence más que cualquier disertación teórica, de que el *profesional gana más con el procedimiento ordinario que con el procedimiento de inyunción.*

No se diga que la sola suposición de la posibilidad de un profesional que prefiera al procedimiento más expeditivo para el cliente el procedimiento más lucrativo para el patrocinador, es injuria gratuita dirigida a la clase. Reconozcamos, por el contrario, con toda sinceridad, que esta preferencia responde a la naturaleza humana y que la misma debe ser tomada en consideración, sin falsos pudores, por el legislador; es cierto, en efecto, que el profesional al cual el acreedor se dirige cuando del procedimiento de inyunción se trata, es casi siempre, si no en general, un causídico de pretura, un procurador modesto, uno de aquellos que no ejercen la profesión "en gran estilo", sino que viven, a lo mejor, a fuerza de diligencias* meticulosamente computadas con el arancel en la mano. El procedimiento de inyunción no es un procedimiento hecho para los grandes abogados; y los pequeños abogados, a los cuales los acreedores se dirigen para estos procedimientos expeditivos, se sienten impulsados, aun inconscientemente, a calcular que en un proceso ordinario, en el que se pueden hacer, aun en contumacia del demandado, numerosos reenvíos y extensos escritos, las ganancias pueden ser cuatro o cinco veces superiores a las bien escasas consentidas por el artículo 16 del R. D. de 24 de julio de 1922.

Así el procedimiento de inyunción está destinado a ser combatido por todas las partes: el profesional que mira exclusivamente en interés del cliente no se lo aconsejará por los peligros de complicaciones que el mismo presenta; el profesional que contempla más bien su interés económico, no se lo aconsejará porque el mismo, por su simplicidad, no permite extender una minuta muy nutrida[52].

Mezquina cosa, en verdad, este pequeño cálculo del presupuesto doméstico que corre tras del dinero y, sin embargo, bastan a veces estas pequeñas causas

* En el original dice *"vacazioni* por ser éste el término utilizado por el arancel de honorarios de los profesionales jurídicos, de acuerdo con el significado actual de la palabra que no es otro que el de pérdida de tiempo que ciertos profesionales libres soportan para la realización de funciones que les están encomendadas con derecho a la respectiva compensación (Véase *Nuovo Digesto italiano,* voz *Vacazioine).* El mismo significado tiene en el léxico jurídico francés la voz *"vacation"*, que puede verse empleada en los arts. 319 y 1034 del Code de Procédure civile (Cfr. el *Vocabulaire juridique,* publicado bajo la dirección de *Herir i Capitant,* pág. 490).

52 Cfr. STEIN, *Zur Iustizreform,* cit., págs. 95-96.

prosaicas para hacer fracasar las reformas preparadas con gran estudio por los "competentes" en gruesos volúmenes de teoría.

15 *Medidas para remediarla*

¿Cuál es el remedio? En Alemania, donde el fenómeno de la hostilidad de los abogados contra el proceso monitorio se ha hecho sentir antes que entre nosotros, se han sugerido varios; y mientras algún autor[53] ha llegado, en absoluto, a proponer que se delegue a los abogados, en calidad de funcionarios públicos, la función de emanar órdenes de pago, con facultad en el deudor de hacer oposición ante la autoridad judicial (reforma que, en la intención de los proponentes, habría llevado a los abogados un seguro rédito de derechos fijos y los habría, por eso, reconciliado con el procedimiento monitorio), una corriente más autorizada ha sostenido la oportunidad de quitar al procedimiento monitorio el carácter de procedimiento facultativo que siempre ha tenido[54], y hacerlo obligatorio, en el sentido de que, siempre que un acreedor pida en juicio la condena del deudor por un crédito que se presente provisto de los caracteres necesarios y suficientes para que se emplee el proceso monitorio, el juez debe, aun cuando la demanda se proponga mediante citación, dictar inmediatamente, antes de hacer notificar la citación al demandado, la orden de pago[55]. Esta corriente tuvo en Alemania un triunfo momentáneo, en la Ordenanza de 9 de setiembre de 1915, emanada para disminuir el trabajo de los tribunales durante la guerra[56]; pero en breve la reforma, en virtud de las mismas propuestas que aquélla suscitó entre los abogados, se redujo a proporciones mucho más modestas, ya que por el Decreto de 18 de mayo de 1916, la obligatoriedad del procedimiento monitorio se conservó solamente para los créditos de pequeño valor[57]. No sé si sería aconsejable introducir en Italia una reforma tan innovadora. Es de advertir, ante todo, que para hacerla actuable entre nosotros sería necesario transformar primeramente, de conformidad con la *Propuesta* Chiovenda (arts. 4-9), toda la regulación de la demanda judicial, sustituyendo al sistema de la citación notificada inmediatamente por el actor al demandado sin pasar por el trámite del juez, el sistema de la mediación en que el acto introductivo de la litis, antes que al adversario, va a la autoridad judicial, la cual tendría así el modo de verificar si el objeto de la demanda es de aquellos que se prestan al procedimiento monitorio y si, como consecuencia, fuese el caso de librar, sin más, el Decreto de inyunción. Pero, aun cuando esta transformación preliminar fuese un hecho ya cumplido, a mí me quedaría siempre la duda acerca de la oportunidad de imponer a los acreedores el uso del procedimiento monitorio; no sólo porque este procedimiento monitorio de *curso forzoso,* si por una parte produciría una disminución de causas en contradictorio, produciría por otra

53 *Cfr.* Schiffer, Rechtsanwaltschaft und Mahnverfahren, *en* D. L. Z., *1916, pág. 157.*

54 Cfr. Stein, *Komm.* (11. Aufl.), § 688 *Vorbem.* II.

55 Cfr. Stein, *Iustizreform*, pág. 97; Fischer, en *D. I.* Z., I, 410, etc.

56 *Noticias más precisas en mi escrito:* Le riforme processuali in Germania dall'Inizio della guerra, *en* Riv. dir. comm., *1922, parte I,* pág. 165.

57 *Ibíden,* pág, 166. Cfr. Goldschmidt, *Die neue Civilprozessordnung,* v. 13 mai 1924, Berlín, 1924, Ahnang, pág. 275.

un aumento de trabajo para los jueces encargados de hacer *in limine litis* la selección de las demandas, sino porque no me parece que el interés del Estado en administrar la justicia en las formas más rápidas y menos dispendiosas posibles pueda llevarlo hasta el punto de privar al ciudadano de la facultad de escoger, entre las varias formas de procedimiento ofrecidas por las leyes, aquella que le parezca más adaptada a su interés privado. Mejor que mediante constricciones, la finalidad se debe alcanzar haciendo del procedimiento monitorio un medio tan cómodo de tutela jurídica que el acreedor experto resulte inducido a preferirlo por su libre elección[58]. Y para superar las interesadas hostilidades de los legales, nada valdría, a mi entender, tanto como establecer en los aranceles de los procuradores que, en las causas que tengan por objeto un crédito provisto de todos los requisitos exigidos por el procedimiento monitorio, el procurador del actor, cuando se siga la vía del procedimiento ordinario y el demandado permanezca en contumacia, no tenga derecho a hacerse pagar por el cliente honorarios más altos que aquellos a los cuales tendría derecho si se hubiera seguido la vía más económica del procedimiento de inyunción; y que, el actor pueda repetir, del deudor condenado en contumacia en las mismas condiciones, solamente las costas en medida correspondiente a aquellas menores del proceso de inyunción. Así, cuando el profesional supiese que de seguir el procedimiento ordinario, en lugar del procedimiento de inyunción, no le reportaría, en caso de contumacia del deudor, ningún aumento de honorarios; cuando el acreedor supiese que en esta hipótesis las mayores costas derivadas del proceso ordinario no le serían reembolsadas, el procedimiento de inyunción estaría a salvo de los no desinteresados ostracismos.

§ V. 16. Conclusiones y propuestas de reforma

De otras críticas de detalle a las cuales podría dar lugar en varios puntos el texto del R. D. de 24 de julio de 1922, me abstengo, porque tendrían importancia mucho menor que las fundamentales hechas hasta aquí; no debo callar que si se hubieran de examinar una a una todas las disposiciones de este Decreto, se encontrarían algunas indudablemente magníficas y superiores a las de los modelos alemán y austríaco, como, para no citar más que una, la del artículo 3, en virtud de la cual el procedimiento de inyunción se inicia (en lugar de ante el juez más bajo de la jerarquía judicial, como ocurre en la ley austríaca de 27 de abril de 1873, § 2, y en el § 689 de la Z. R O. alemana), ante el juez competente *por razón del valor* para decidir sobre la controversia; con lo que se evitan todas las complicaciones nacidas en otras legislaciones de la transferencia de la litis al juez competente por razón del valor en caso de oposición (cfr., segunda parte, n. 27).

Como conclusión de lo hasta ahora expuesto, considero que para poner al procedimiento monitorio en situación de funcionar libremente, y para inducir a los acreedores a servirse del mismo, en lugar del procedimiento ordinario, así como para dar lugar a un sensible aligeramiento en el número de las causas en contradictorio que se acumulan ahora en los tribunales civiles, sería necesario:

1°, abolir entre las condiciones de admisibilidad del procedimiento monitorio la de la prueba escrita del crédito; estableciendo, además, para

58 Hellwig, *Iustizreform* (Berlín, 1908), pág. 42.

evitar los abusos, que la inyunción basada sobre simple afirmación del acreedor no pueda adquirir fuerza ejecutiva sino cuando haya sido notificada al deudor en propia persona;

2°, establecer que la oposición propuesta dentro de término tenga el efecto de hacer caer en la nada la inyunción;

3°, equiparar, a todos los efectos, la inyunción no opuesta en término a una sentencia contumacial declarada provisoriamente ejecutiva; y, por consiguiente, admitir contra ella una impugnación fuera del término sólo en cuanto y en los límites en que se quiera conservar en el proceso ordinario la oposición contumacial o introducir en él la restitución *in integrum;*

4°, abolir la acción por resarcimiento de daños del artículo 15;

5°, declarar no repetibles frente al deudor condenado en contumacia en el proceso ordinario por un crédito que tenga los caracteres exigidos por el procedimiento monitorio, las costas mayores en que el acreedor haya incurrido por haber preferido el procedimiento ordinario al procedimiento monitorio;

6°, establecer que, en el caso indicado, el profesional del acreedor no tenga derecho del cliente a honorario alguno como abogado, y como procurador tenga derecho sólo a los honorarios establecidos en arancel para el procedimiento monitorio.

Alguna de estas propuestas se encuentra ya autorizadamente consagrada en la *Propuesta* Chiovenda (art. 202, inc. último; art. 204, inc. penúltimo); y no están sustancialmente en oposición con las mismas, si se exceptúa la limitación del procedimiento de inyunción a los solos créditos probados por escrito, los artículos 247-258 del esquema de reforma publicado por Mortara[59], por los cuales el procedimiento de inyunción, colocado en la exacta situación sistemática de un procedimiento de cognición abreviado, está regulado en forma ágil y elegante, y no cargada por aquel fardo de disposiciones precauciónales a favor del deudor, que el misoneísmo parlamentario echó sobre los hombros del R. D. de julio 24 de 1922.

Si estas propuestas mías, mejoradas y cuidadas en su formación concreta, encontrasen lugar en la reforma inminente del proceso, no creo que fuese atrevimiento presuntuoso esperar del procedimiento de inyunción, así renovado y vigorizado, una benéfica repercusión sobre la parálisis judicial; a la cual el mismo llevaría, sin duda, un notable alivio, sin necesidad de llegar a la *extrema vatio* propuesta recientemente en Alemania, de transferir de los jueces a los cancilleres el oficio de emanar la inyunción, lo que no parecería conciliable con la naturaleza de decisiones, aunque sea condicionadas, que éstas indudablemente tienen[60].

De este modo también el R. D. de 24 de julio de 1922, tan lleno de defectos y de contrasentidos, habría asumido honorablemente el cometido eterno de todas las obras humanas destinadas a pasar: el de preparar lo mejor a través de la experiencia de lo peor.

59 En el citado volumen *Per il nuovo Codice della proc. civile,* págs. 94 y sigs.

60 HELLWIG, *Iustizreform,* cit., pág. 43.

POSIBLES FASES DEL PROCEDIMIENTO DE INYUNCIÓN DEL DECRETO DE 24 DE JULIO DE 1922

RECURSO: ART. 2.

- ***a)*** Rechazo del recurso: art. 4+
- ***b)*** Renunciamiento de la inyunción: art. 4.
  - ***a)*** Notificación en tiempo de la inyunción: art. 5.
    - ***a)*** Notificación en persona propia: art. 11.
      - ***a)*** Oposición en término: art. 8.
        - ***a)*** Citación para comparecer dentro de 20 días: contracitación arts. 8 y 10.
          - ***a)*** Conciliación: art. 9 X.
          - b) Falta de comparecencia del oponente: art. 10 X.
          - c) Sentencia.
            - ***a)*** De rechazo de la oposición: art. 12 X.
            - ***b)*** De acogimiento de la oposición: art. 13 +.
        - ***b)*** Ineficacia de la oposición por término demasiado largo: art. 8 X.
      - ***b)*** Falta de oposición: art. 6 X.
    - ***b)*** Notificación no en persona propia: art. 11.
      - ***a)*** Oposición en término: art. 8.
        - ***a)*** Citación para comparecer dentro de 20 días; contracitación arts. 8 y 10.
          - ***a)*** Conciliación: art. 9 X.
          - b) Falta de comparecencia del oponente: art. 10 X.
          - c) Sentencia.
            - ***a)*** Proposición de la oposición: art. 11.
              - ***a)*** Conciliación: art. 9 X
              - ***b)*** Falta de comparecencia del oponente: art. 11 X.
              - ***c)*** Sentencia.
                - ***a)*** De rechazo de la oposición: art. 12 x.
                - ***b)*** De acogimiento de la oposición: art. 13 +.
            - ***b)*** Falta de proposición de la oposición: art. 11 X.
            - ***a)*** De rechazo de la oposición: art. 11 X.
            - ***b)*** De acogimiento de la oposición: art. 13 +.
        - ***b)*** Ineficacia de la oposición por término demasiado largo: art. 8.
      - ***b)*** Oposición fuera de término: art. 11.
        - ***a)*** Citación para comparecer dentro de 20 días; contracitación: arts. 8 y 10.
          - ***a)*** Conciliación: art. 9 X.
          - b) Falta de comparecencia del oponente: art. 10 X.
          - c) Sentencia.
            - ***a)*** De rechazo de la oposición: art. 12 x.
            - ***b)*** De acogimiento de la oposición: art. 13 +.
        - ***b)*** Ineficacia de la oposición por término demasiado largo: art. 8 X.
      - ***c)*** Falta de oposición: art. 6 X. En este caso, sin embargo, después de llevado a cabo el procedimiento ejecutivo, queda abierta la acción de daños, art. 15.
  - ***b)*** Falta de notificación en tiempo de la inyunción: art. 7 +.

N. B. — Los signos (+) indican los casos en que el procedimiento termina de un modo desfavorable para el demandante, mientras los signos (x) indican los casos en que el procedimiento da lugar a título ejecutivo a su favor. Para no aumentar la complicación del cuadro, se ha prescindido de los casos en que el procedimiento termina por renuncia, perención. etc., etc.

CUARTA PARTE

NOTA POLÉMICA

SUMARIO:

1. Críticas formuladas por varios autores. 2. Opinión de Segni. 3. Opinión de Carnelutti. 4. Naturaleza del procedimiento monitorio. 5. Naturaleza de la acción ejercitada. 6. Observaciones de Cristofolini.

1. *Críticas formuladas por varios autores*

La publicación en revistas jurídicas de los escritos hoy recogidos en el presente volumen "especialmente del primero" ha dado lugar entre los estudiosos del derecho procesal a discusiones y a réplicas sobre alguna de las ideas en ellos sostenidas. Como una parte de estos debates se refiere a la naturaleza del procedimiento monitorio y tiene, por eso, con respecto a todas las cuestiones prácticas concernientes al mismo, importancia fundamental, considero útil hacer referencia aquí a las más importantes críticas que se me han dirigido: esto es, a las de Carnelutti[1] de Segni[2]; de Cristofolini[3].

2. *Opinión de Segni*

A Segni[4] no le parece aceptable la distinción, propuesta por mí, del procedimiento monitorio en los dos tipos de procedimiento monitorio puro y procedimiento monitorio documental[5]; en su concepto, el procedimiento que yo denomino monitorio puro deberá llamarse "procedimiento monitorio... sin más", mientras en el procedimiento que yo denomino monitorio documental, la palabra monitorio sobraría, resultando más exacto denominarlo "documental ejecutivo"[6]. La razón de esta discrepancia terminológica se encuentra en una discrepancia, más profunda aún, en torno a la determinación de los caracteres típicos y esenciales del procedimiento monitorio; mientras, a mi entender, el carácter distintivo de esta forma de procedimiento debe verse en el desplazamiento de la iniciativa del contradictorio del actor al demandado (o en la *eventualidad* del contradictorio según Carnelutti), según Segni la nota esencial de este procedimiento debería buscarse en la emanación de una orden de pago "sin anterior cognición del mérito"[7], sujeta a caer en la nada por la simple oposición del demandado[8].

Es cierto que, si se adoptase el criterio de distinción propuesto por Segni, el procedimiento que yo denomino monitorio documental no podría ya hacerse entrar bajo el ***genus proximum*** de procedimiento monitorio, porque le falta

---

1 *Note intorno alla natura del processo monitorio, en Riv. dir. proc. civ.*, 1924, 1a parte, pág. 270.

2 *L'opposizione del convenuto nel processo monitorio, en Studi Sassaresi,* 1924.

3 Recensión en *Riv. dir. proc. civ.*, 1924, 1a parte, pág, 210; y *Sulla prefissione del termine nel decreto d'ingiunzione,* misma publicación, 1924, IIa parte, pág. 136.

4 *L'opposizione,* cit., n. 7, nota 2 a pág. 352.

5 Aceptada implícitamente por Carnelutti y por Cristofolini, y, explícitamente, por Parrella, *Il procedimento monitorio per i crediti dei prof. legali,* en *Riv. dir. proc. civ.*, 1924, IIa parte, pág. 42.

6 Trabajo citado, nota 4, a págs. 352-353, y n. 7, letra C.

7 Escrito citado, na. 8.

8 Escrito citado, n. 9.

(en cuanto el juez emana aquí la inyunción después de haber conocido las pruebas escritas proporcionadas por el actor) la característica de la absoluta ausencia de toda cognición del mérito. Pero tal criterio de distinción no me parece aceptable: si el oficio de toda definición es el de señalar los caracteres que son propios del solo objeto a definir, el criterio adoptado por Segni no consigue delimitar el concepto de procedimiento monitorio, porque también fuera del mismo, esto es, en el procedimiento ordinario, se pueden tener casos de condenas emanadas sin anterior cognición del mérito, o sea de declaraciones de certeza basadas sobre preclusión; se puede pensar en una sentencia de condena, pronunciada, en contumacia del demandado, a base de la *ficta confessio* del art. 218 del Código de procedimiento civil, o, en general, en las sentencias contumaciales en aquellas legislaciones procesales en las cuales está vigente el principio "extraño a la nuestra" de que la contumacia del demandado basta para hacer considerar como verdaderos los hechos simplemente afirmados por el actor (cfr., primera parte, n. 20).

El carácter típico por el cual el procedimiento monitorio se distingue de los casos en que también en el proceso ordinario la declaración de certeza se lleva a cabo mediante preclusión es bien distinto: es la preordenada ausencia inicial del contradictorio, la cual tiende a favorecer, o en absoluto a preparar, la formación de la declaración de certeza mediante preclusión. En aquellas legislaciones en que la contumacia del demandado da lugar a la declaración de certeza por preclusión, el procedimiento monitorio se diferencia del procedimiento ordinario contumacial en un solo punto: en que, mientras en el procedimiento ordinario contumacial la declaración de certeza mediante preclusión se pronuncia con posterioridad a la verificación de ésta, en el procedimiento monitorio el pronunciamiento de tal declaración es anterior a la verificación de la preclusión, en la suposición de que ésta haya de verificarse al vencimiento del término[9]. En semejante *anticipación de pronunciamiento* está toda la típica *vis* del procedimiento monitorio; la estructura del cual tiene su impronta característica en aquellas disposiciones que, dando al juez el poder de pronunciar la inyunción sin previamente oír al demandado y atribuyendo a éste la carga de provocar el contradictorio si no quiere que opere la preclusión, tienden precisamente a poner al juez, antes de que la preclusión se haya verificado, en las mismas condiciones en que se encontraría en el procedimiento ordinario cuando la preclusión se hubiera verificado ya. En tal pronunciamiento anticipado, en tal inversión de la que, en el procedimiento ordinario, es la sucesión lógica de los dos momentos "el momento en que la preclusión (contumacia) se verifica y el momento en que el juez pronuncia la consecuencia de la misma (declaración de certeza)□"se debe buscar la definición del procedimiento monitorio; y a quien olvide esta nota esencial del instituto se puede con razón dirigir la acusación, que Segni, infundadamente, me dirige a mí[10], de anular toda diferencia entre procedimiento monitorio y procedimiento contumacial ordinario[11].

9 Cfr., ahora, MORTARA, *Comm.*, 4a ed., vol. V, pág. 782.

10 Trabajo citado, nota 1, a pág. 370.

11 Las aberrantes consecuencias prácticas a las que SEGNI es empujado por haber adoptado una insuficiente premisa teórica, se ponen de relieve cuando en su exposición trata del procedimiento sobre desalojo por locación terminada, establecido por la ley de

También la forma de procedimiento que yo llamo monitorio documental, y cuyo ejemplo más importante se tiene ahora en el procedimiento introducido por el R. D. de 24 de julio de 1922, pertenece, pues, a la categoría del procedimiento monitorio, ya que de él presenta la típica anticipación de pronunciamiento con inversión de la iniciativa del contradictorio. La denominación, propuesta por Segni, de procedimiento documental ejecutivo, se nos presenta, también bajo otros aspectos, como poco feliz: el segundo atributo está igualmente fuera de lugar, porque también el procedimiento del R. D. de 24 de julio de 1922, como aquel que tiende a preparar el título ejecutivo, tiene carácter de proceso de cognición y no tiene nada que ver con la ejecución, la cual puede iniciarse solamente cuando este procedimiento haya alcanzado, agotándose, su finalidad (véase, primera parte, n. 18); no bastaría para caracterizar este procedimiento la sola calificación de "documental" porque ésta haría venir a la memoria el *Urkundenprozess* del derecho alemán (cfr., art. 324 del Cód. de comercio), el cual se inicia con contradictorio regular provocado por el actor. La denominación de monitorio documental, adoptada por mí, es la que más exactamente expresa la fusión en esta forma híbrida de procedimiento de elementos propios del procedimiento monitorio (anticipación de pronunciamiento con inversión de la iniciativa del contradictorio) con elementos propios del procedimiento documental (necesidad de que el crédito hecho valer se base sobre prueba escrita).

3. *Opinión de Carnelutti*

A la definición que he dado del procedimiento monitorio, en forma que comprenda bajo un género único las dos especies del procedimiento puro y del procedimiento monitorio documental, se adhiere en sustancia, en su *Nota* antes recordada, Carnelutti; él cree, sin embargo, que mi punto de vista debe ser ligeramente desplazado, en cuanto la nota saliente del proceso monitorio se debería buscar no tanto en la inversión de la iniciativa del contradictorio, cuanto en la *eventualidad* del contradictorio, que es el resultado de esta inversión.

La observación de Carnelutti, mejor que a refutar el criterio propuesto por mí, se dirige a completarlo: estamos de acuerdo en considerar el procedimiento monitorio como un instrumento para sustraer a las dilaciones del procedimiento en contradictorio aquellas litis en las cuales el contradictorio, a juicio del demandado, sea inútil; estamos de acuerdo en considerar que el mecanismo con que este procedimiento trata de alcanzar tal fin, es la inversión de la iniciativa del contradictorio del actor al demandado; y estamos de acuerdo, además, en destacar que, como consecuencia de esta inversión, el contradictorio puede existir o puede no existir, según que el demandado haga o no haga oposición. Aunque yo estoy ligeramente en duda acerca de si es precisamente oportuno poner en esta eventualidad del contradictorio la nota esencial del procedimiento; y ello por dos órdenes de consideraciones.

Ante todo, me parece que se aproxima a una petición de principio el encontrar la característica del procedimiento monitorio en aquella eventualidad que, si se verifica, constituye por decirlo así la quiebra del procedimiento mismo:

24 de diciembre de 1896, que considera, *aun cumulo se inicie con citación*, como uno de los más puros ejemplos de procedimiento monitorio.

puede pensarse que éste se inicia como una tentativa, como una "especulación" (la frase es de Schmidt) sobre la inercia del demandado; si el demandado no hace oposición, la especulación ha dado resultado, y la ventaja propia de este procedimiento (ahorro del contradictorio) está lograda; si, por el contrario, el demandado hace oposición, la tentativa cae en la nada, y el procedimiento monitorio se resuelve en el procedimiento ordinario más dispendioso. Ahora bien, si nosotros consideramos como carácter distintivo del procedimiento monitorio la *eventualidad* del contradictorio, venimos, en sustancia, a definirlo no por aquello que es, sino por el éxito que puede tener: se eleva a nota esencial suya de distinción la falta de certeza de su resultado, esto es, la posibilidad de que el mismo no logre alcanzar la finalidad (ahorro del contradictorio), en vista de la cual está típicamente construido. Se hace, en suma, como aquel que, para decidir las operaciones de bolsa, se limitase a decir que son aquellas operaciones en las cuales es incierto si se termina por ganar o por perder.

Por otra parte, el definir el procedimiento monitorio mediante el solo carácter de la eventualidad del contradictorio, puede engendrar, si no me engaño, alguna confusión con el procedimiento ordinario, respecto del cual se puede decir también que el contradictorio, aun cuando provocado siempre por el actor con la citación, es, en un cierto sentido, eventual: en cuanto, si el demandado permanece en contumacia, el contradictorio no se efectúa y la sentencia es pronunciada por el juez después de haber oído a una sola parte. Carnelutti sale anticipadamente al paso de esta objeción, ya que, después de haber dicho que en el procedimiento ordinario "la iniciativa del actor determina la *certeza* del contradictorio" añade inmediatamente: *"al menos potenciar"*. Ahora bien, esta "potencialidad" significa, si no me equivoco, que el contradictorio existe solamente si el demandado se adhiere a la invitación que se le dirige por el actor, solamente si el demandado se manifiesta dispuesto a aprovechar la condición en que lo ha puesto la cocitación del actor. Así en el procedimiento ordinario lo mismo que en el procedimiento monitorio la realización del contradictorio depende, pues, de una actividad del demandado (comparecencia en el primero, oposición en el segundo): la cual en uno y otro caso puede darse y puede no darse, siendo, por consiguiente, aquí y allí eventual. La diferencia está toda en la diversa naturaleza de la actividad que en los dos casos debe cumplir el demandado a fin de que el contradictorio se efectúe: en el procedimiento ordinario hasta que el demandado se adhiere a la invitación de comparecer dirigida por el actor; en el procedimiento monitorio es necesario, en cambio, que el demandado, con la oposición, provoque el contradictorio que el actor, por su cuenta, no ha provocado. La diferencia está, pues, toda ella en un desplazamiento de iniciativa del actor al demandado.

Se trata, por lo demás, de matices; no me parece que sobre este punto se pueda hablar de un verdadero disentimiento entre el modo de ver de Carnelutti y el mío.

4. *Naturaleza del procedimiento monitorio*

Todos los escritores antes recordados "Carnelutti, Segni, Cristofolini" están de acuerdo conmigo en considerar el procedimiento monitorio como una forma especial de procedimiento *de cognición,* a través del cual el juez ejerce función propiamente jurisdiccional.

Acerca de este último punto, Carnelutti "el cual, por algunas expresiones contenidas en sus *Lezioni* me habla parecido que se aproximase a aquellos procesalistas alemanes que encierran el procedimiento monitorio en el campo de la jurisdicción voluntaria (cfr. primera parte, n. 15)" explica, en la *Nota* antes recordada, su pensamiento en el sentido de que el procedimiento monitorio no puede considerarse *a priori* como un processo *impropio,* porque, ni más ni menos que ocurre en el proceso ordinario, no se puede prever si el motivo sirve verdaderamente para decidir "una litis". Había, pues, entendido su enseñanza de una manera demasiado absoluta; y con el mayor agrado hago la rectificación, aunque con todas las reservas (los motivos de las cuales me propongo exponer en otra ocasión) en cuanto a la reducción de la función jurisdiccional a mera decisión de "litis".

En lo que se refiere a la definición del procedimiento monitorio "aun en su forma pura" como una variedad del proceso de *cognición,* el mismo Carnelutti me observa que, para llegar a definirlo así, no es necesario esforzarse tanto para buscar si también en este proceso el juez *conoce,* sino que basta demostrar que también en él el juez *declara la certeza:* ya que, al menos excepcionalmente, se puede declarar la certeza aun sin conocer. Encuentro justa la observación y las consideraciones que la acompañan; y las acepto como prueba de la bondad de la conclusión a la cual yo había llegado por diversa vía.

5. *Naturaleza de la acción ejercitada*

Segni se opone enérgicamente a la teoría sostenida por mí (véase, primera parte, n. 11), según la cual el procedimiento monitorio sirve para hacer valer, en formas más expeditivas que las del procedimiento en contradictorio, nada más que la acción ordinaria de condena; y mientras a esta concepción se adhiere sin reservas Cristofolini[12], Segni se detiene largamente a refutar mis conclusiones y a enumerar los argumentos que, a su entender, demuestran que al procedimiento monitorio corresponde una especial acción *sumaria.*

No creo necesario rebatir uno a uno los argumentos de Segni, ya que, en cuanto a muchos de ellos, no sabría replicar sin incurrir en repeticiones. Sobre un solo punto que es el esencial, creo que no es inútil añadir algunas consideraciones en confirmación de mi tesis.

El problema es éste: el acreedor que quiere hacer valer judicialmente su crédito contra el deudor moroso, tiene dos caminos ante sí: el del procedimiento ordinario que lo conduce a obtener una sentencia de condena, y el del procedimiento monitorio que lo lleva a una orden de pago. Se pregunta si la acción que el acreedor puede hacer valer en uno y otro caso es la misma acción ejercitada mediante procedimientos diversos, o si, por el contrario, se trata, en los dos casos, de dos acciones diversas. Estamos, pues, ante un problema de identificación de acciones para resolver el cual "ya que las personas, el título y el objeto mediato (objeto del crédito) son en los dos casos los mismos" es necesario establecer si hay identidad o diversidad en el único elemento restante, esto es, en el objeto inmediato (providencia jurisdiccional).

Para demostrar la existencia, en este caso, de una especial acción sumaria, era necesario y suficiente que Segni demostrase la existencia de sustanciales

12 Recensión cit., pág. 211; *Sulla prefissione del termine,* cit., nota 2, a pág. 147.

diversidades entre la orden de pago del procedimiento monitorio y la sentencia de condena del procedimiento ordinario; pero me parece que no ha logrado dar una demostración convincente de esta diversidad. Aparte las diferencias formales, respecto de las cuales he afirmado ya la falta de trascendencia (véase primera parte, n. 22), la naturaleza de la providencia jurisdiccional en uno y otro caso debe ser valorada en relación a la utilidad del acreedor que quiere valerse de esta providencia para su finalidad práctica, y para el cual esa providencia representa un bien económico; en tanto hay diversidad entre la acción ordinaria de condena y la acción hecha valer con el procedimiento monitorio, en cuanto se demuestre que el acreedor, el cual ha obtenido una orden de pago mediante el procedimiento monitorio, se encuentre en condición prácticamente diversa de aquella en que se encontraría si hubiese obtenido una sentencia de condena. También Segni, al menos en una parte de la argumentación, ha planteado así correctamente el problema: veamos los argumentos que ha aportado para resolverlo en el sentido sostenido por él.

Yo he negado (véase primera parte, n. 22) que la orden de pago tenga para el acreedor ningún valor práctico antes del transcurso o del término, y he sostenido que la comparación entre esta providencia y la sentencia ordinaria de condena debe hacerse por significar una eventual diversidad de sustancia — en el momento en que esa orden de pago resulta ejecutiva, no en el momento en que la misma es emanada bajo condición. Segni, en cambio, opina que "la inyunción tiene un valor práctico aun antes de que la misma llegue a ser definitiva por haber transcurrido los términos para la oposición"[13] y que "el acreedor que obtiene del juez la emanación de una inyunción está prácticamente en condiciones muy diversas del acreedor que lleva a cabo una citación"; y esto por dos razones: 1° "por el término en que el deudor puede oponerse, mucho más breve que el término del procedimiento ordinario"; 2° "porque la contumacia del deudor en el procedimiento monitorio tiene efectos bien diversos de los que tiene en el procedimiento ordinario".

Se puede, ante todo, observar a Segni que, en el momento en que la orden de pago es emanada, la brevedad del término para la eventual oposición y los más rigurosos efectos de la eventual preclusión, no tienen para el acreedor ningún valor práctico *actual.* Se trata de una *spes,* no de una certeza; solamente en el momento en que el término ha transcurrido y la preclusión se realiza, estos elementos adquieren para el acreedor una importancia práctica; Segni, pues, aun no queriendo, se ve constreñido a remontarse, del momento en que la inyunción es emanada, al momento en que la misma se convierte en definitiva. Pero, aparte esta observación preliminar, ¿qué tienen que ver con la naturaleza de la providencia la mayor o menor brevedad del término dentro del cual el demandado puede hacer valer sus razones, o las consecuencias más o menos rigurosas de la preclusión a base de la cual la providencia es emanada? ¿Acaso la acción hecha valer en el procedimiento ordinario cambia de naturaleza sólo porque el actor haya citado al demandado con términos abreviados? (art. 154 del Cód. proc. civ.) ¿Acaso la sentencia de condena obtenida a base de la preclusión por falta de comparecencia del interrogando es una providencia diversa de la sentencia de condena obtenida a base de la valoración de las pruebas?

13 Trabajo cit., pág. 371.

Pero de este modo nos salimos de nuestro camino. Segni nos debe demostrar, como se propone, que la inyunción, ***antes de convertirse en definitiva,*** tiene para el acreedor "valor práctico por sí misma, diverso de aquel de la providencia definitiva", "así como tiene un valor la ejecución de una condena con reserva, aun cuando la misma pueda ser revocada". Yo espero todavía poder saber en qué consiste este "valor práctico". Que el mismo existe en la condena con reserva no lo niego, en cuanto ésta es ejecutiva desde el momento en que es emanada: ella es entonces un bien ***provisorio,*** pero es un bien; pero la inyunción del procedimiento monitorio, que se convierte en ejecutiva solamente con el transcurso del término, no tiene en el momento en que es pronunciada ni siquiera un valor provisorio. Es una posibilidad de providencia, no una providencia; sólo con el transcurso del término el acreedor sabrá si su tentativa de tener una providencia ejecutiva equivalente a una condena, con un procedimiento más expeditivo que el ordinario, ha dado resultado o ha fracasado. Y entonces es necesario concluir que, antes del transcurso del término, la única diferencia práctica entre procedimiento monitorio y procedimiento ordinario es ésta: que en el primero, el acreedor se encuentra con que tiene en mano, desde el pronunciamiento de la inyunción, un trozo de papel firmado por el juez, al cual puede ocurrir que él, si ignora el funcionamiento del procedimiento monitorio, atribuya en su pensamiento una eficacia que aquél no tiene... y esto es todo.

Si después se pasa a hacer la comparación entre sentencia de condena y orden de pago convertida en definitiva por el transcurso del término, entonces, para negar la analogía sustancial entre estas dos providencias[14] Segni no puede hacer otra cosa que insistir[15] sobre el carácter de declaración de certeza por preclusión que él considera típico de la inyunción: "preclusión que opera en manera *absolutamente formal* y que no puede en modo alguno considerarse como una prueba de la demanda del actor". Como si no existieran sentencias de condena basadas sobre preclusiones en lugar de sobre pruebas.

En conclusión: si la existencia de una acción sumaria especial para el procedimiento monitorio se busca en el momento en que es emanada la inyunción, la acción especial no se encuentra, porque en este momento no existe todavía la providencia definitiva que debería constituir el objeto de tal acción; si la existencia de esta acción se busca en el momento en que la inyunción se convierte en definitiva, ni siquiera así se consigue individualizar la pretendida acción sumaria, porque "identificándose la providencia con una sentencia" también la acción se identifica con la acción ordinaria de condena. Quedo, pues, más convencido que antes de que al procedimiento monitorio no corresponde, como querría Segni, una acción sumaria especial: sin que haya necesidad de repetir las razones por las cuales continúo considerando -contrariamente a la opinión de Segni- que las condiciones especiales a las cuales está sujeto el procedimiento monitorio tengan el carácter de presupuestos procesales especiales[16] no de condiciones de una acción especial que, en mi concepto, no existe.

---

14 Reconocida también por CHIOVENDA, *Principii,* pág. 201.

15 Nota 1, a pág. 371.

16 En este sentido, CRISTOFOLINI, *Sulla prefissione del termino,* cit., pág. 148, nota 1.

6. *Observaciones de Cristofolini*

Me agrada recoger, para terminar estas notas, una observación que se me hace sobre el mismo argumento por Cristofolini[17], la cual indica exactamente en qué dirección se podía intentar, en todo caso, llegar a demostrar la existencia de una acción sumaria especial para nuestro procedimiento. Observa Cristofolini que, en mi estudio sobre la estructura del procedimiento monitorio (véase primera parte, n. 1), yo no he tenido bastante cuidado de demostrar que la inyunción, una vez hecha definitiva por el transcurso del término, adquiera fuerza de cosa juzgada en la misma medida en que la adquiere una sentencia ordinaria de condena: a falta de tal demostración, podría uno sentirse impulsado a creer "añade dubitativamente Cristofolini" que la acción hecha valer con el procedimiento monitorio sea una acción diversa de la acción ordinaria de condena, cuando la providencia jurisdiccional a que la misma se dirige difiera de la sentencia de condena bajo el perfil de la cosa juzgada.

Cristofolini está convencido de lo contrario: yo creo que, para dar tal demostración, basta referirse a todo el desarrollo histórico del proceso monitorio, orientado precisamente hacia la rápida creación de una declaración de certeza destinada lo mismo que una sentencia a *transire in rem judicatam*[18]. Eventuales disposiciones de alguna legislación "y también de nuestro R. D. de 24 de julio de 1922" las cuales podrían hacer creer que la inyunción, aun después del transcurso del término, tenga carácter de declaración provisional de certeza, deben ser consideradas como desviación de lo que es el perfil tradicional y correcto del instituto; a la reforma inminente de nuestro proceso civil corresponde impedir que tales disposiciones aberrantes sean mantenidas[19] (*).

---

17 Recensión cit., págs. 211-212

18 Cfr. Segni, *L'opposizione,* cit., n. 3.

19 También MORTARA, Comm., 4a ed., vol. V, el cual considera que "la eficacia de sentencia expedida en forma ejecutiva no confiere al decreto la autoridad de la cosa juzgada", en la pág, 777 manifiesta el deseo de que, en la próxima reforma, la inyunción sea del todo equiparada a una sentencia contumacial.

* Mientras corrijo las pruebas, me llega el volumen del abogado G. LUCARINI, *La ingiunzione italiana* (Torino, 1926), que no he podido tenerlo en cuenta en el texto. Este trabajo, que se propone un objeto predominantemente práctico, parte de premisas teóricas que yo, por las razones expresadas, estimo erróneas; sobre todo la que considera el procedimiento de inyunción como expresión de una especial *acción de inyunción* (ns. 1-3).

NOTA BIBLIOGRÁFICA

EXPRESIVA DE LA LITERATURA MONOGRÁFICA SOBRE PROCEDIMIENTO MONITORIO

CALAMANDREI. – *Rassegna critica di giurisprudenza in materia di dir. proc. civile, en Riv. dir. comm., 1921,* parte I, pág. 211.

CARNELUTTI. – *Nota intorno alla natura del processo monitorio, en Riv. dir. proc. civ., 1924,* parte I, pág. 270.

COGLIOLO, T. – *Il procedimento d'ingiunzione, en Mon. Trib.,* 1923, pág. 34.

CRISTOFOLINI. – *Recensione, en Riv. dir. proc. civ., 1924,* parte I, pág. 210.

– *Sulla prefissione del termine nel decreto di ingiunzione, en Riv. dir. proc. civ.,* 1924, parte II, pág. 136.

DE SIMONE. – *Il proc. per ingiunzione, en La Societá per azioni, 1923,* pág. 90.

DRECHSEL. – *Ueber die Begriffe "Civilprozess" und "Rechtsstreit", en Archiv fúr civ. Praxis,* LXII, 419-424.

Ueber den Begriff des ausserordentlichen Verfahrens, en Zeits. für d. deuts. Zivilpr., I, pág. 208.

GAGLIO. – *Il proc. monitorio, en Il diritto commerciale, 1925,* parte 1, pág. 14.

GOLDENRING. – *Das Mahnverfahren, en Zeits. für d. deuts. Zivilpr.,* I, pág. 452.

KOHLER. – *Prozessrechtliche Forschungen* (Berlín, 1889).

KURTZ. – *Das Mahnverfahren in seiner Neugestaltung und s. Anvendung in der Praxis* (Berlín, 1914).

Indri. – Il procedimento d'ingiunzione (Roma, Athenaeum, 1922).

LUCARINI. – *Il procedimento per ingiunzione, en Foro Puglie,* 1923. 1.

La ingiunzione italiana (Torino, Bocca, 1926).

MORTARA. – *La competenza civ. dei pretori e dei conciliatori. – Il proc. per inginnzione* (Torino, U. T. E. T., 1923), en *Appendice, a la tercera edición del Marínale.*

Il procedimento per inginnzione. Apéndice, segundo al vol. V de la cuarta ed. del *Commentario* (Vallardi, 1923), ns. 558-566.

OTT. – *Zur Lehre von den besonderen Verfahrensarten, en la Revista de Grünhut,* XXX, pág. 312.

PARRELLA. – *Il procedimento monitorio por i crediti dei professionisti legali, en Riv. dir. broc. civ.,* 1924, parte II, pág. 42.

POLLAK. – *Ueber die Systematische Stellung des Mahnverfahrens, en Zeits. für d. deuts. Zivilp.,* XIX, pág. 126.

SEGNI. — *Note critiche in lema di legislazione di dir. processuale, en Studi sassaresi,* 1922, pág. 198.

L'opposizione del convenuto nel processo monitorio, en Studi sassaresi, 1924, pág. 25.

SKEDL. — *Das Mahnverfahren* (Leipzig, 1891).

STEIN. — *Der Urkunden - und Wechselprozess* (Leipzig, 1887).

Proceso monitorio de Piero Calamandrei se imprimió en la República Argentina en marzo de 2018.

www.ingramcontent.com/pod-product-compliance
Lightning Source LLC
LaVergne TN
LVHW082239051026
849532LV00012B/4043
* 9 7 8 9 5 6 3 9 2 1 3 3 5 *